G. HÉBERT
LIEUTENANT DE VAISSEAU

ANCIEN DIRECTEUR DES EXERCICES PHYSIQUES DANS LA MARINE
DIRECTEUR DU COLLÈGE D'ATHLÈTES

Le

Code

de la

Force

Cl. Girandon.

Deuxième édition

LIBRAIRIE VUIBERT
PARIS

LE CODE DE LA FORCE

DU MÊME AUTEUR

A LA MÊME LIBRAIRIE

L'Éducation physique raisonnée. — Vol. 24/16 cm., illustré de 111 gravures ou photographies. 2ᵉ édition.

Broché. . . . . **3 fr.** »
Relié demi-chagrin . . . . **5 fr. 50**

Guide pratique d'Éducation physique. — Beau vol. 22/14 cm., illustré de 411 gravures (dont 10 dessins, 36 figures ou schémas anatomiques, 2 planches hors texte et 364 photographies) ; titre rouge et noir.

Broché. . . . . **8 fr.** »
Relié toile, titre or, tête dorée. . . . . . . **10 fr.** »
Relié dos et coins maroquin, tête dorée. . . . . **12 fr.** »

L'Éducation physique ou l'Entraînement complet par la Méthode naturelle. — Vol. 25/16 cm., illustré de photographies hors texte. 2ᵉ édition.

Broché. . . . . **2 fr.** »
Relié demi-chagrin. . . . . **4 fr. 50**

La Culture virile et les Devoirs physiques de l'Officier combattant. — Vol. 18/12 cm.

Broché. . . . . **2 fr.** »
Cartonné toile, titre or. . . . . **2 fr. 75**

Ma Leçon-type d'entraînement complet et utilitaire. — Vol. 18/12 cm., de 210 pages et 216 gravures.

Broché. . . . . **1 fr. 75**
Cartonné toile, titre or. . . . . **2 fr. 50**

Ma Leçon-type de Natation. — Vol. 18/12 cm. (*Paraîtra en juin 1914.*)

Le Devoir physique quotidien. — Vol. 18/12 cm. (*En préparation.*)

———

G. HÉBERT

LIEUTENANT DE VAISSEAU

ANCIEN DIRECTEUR DES EXERCICES PHYSIQUES DANS LA MARINE
DIRECTEUR DU COLLÈGE D'ATHLÈTES

Le Code
de la Force

LA FORCE PHYSIQUE — SES ÉLÉMENTS CONSTITUTIFS
ET SA MESURE PRATIQUE
CARACTÉRISTIQUES DE L'APTITUDE NULLE, INFÉRIEURE, MOYENNE,
SUPÉRIEURE ET ATHLÉTIQUE
DEGRÉ MINIMUM D'APTITUDE A POSSÉDER SUIVANT L'AGE
PERFORMANCES A ACCOMPLIR, EXERCICES A EXÉCUTER
TABLES D'ÉPREUVES AVEC PERFORMANCES COTÉES

PARIS

LIBRAIRIE VUIBERT

63, BOULEVARD SAINT-GERMAIN, 63

AVANT-PROPOS

L'objet de ce livre est de mettre au point la question de la force physique, en définissant d'une manière précise les éléments qui la constituent et en donnant un moyen pratique de la mesurer.

Faute d'un ouvrage où soient codifiées les notions relatives à la force, des erreurs et des préjugés de toutes sortes ont cours en cette matière. Ainsi beaucoup de gens s'imaginent que les gros biceps constituent le critérium de la force ; d'autres ne considèrent comme forts que les sujets capables de soulever des poids très lourds ; d'autres enfin appliquent habituellement le qualificatif de solide gaillard à tout individu corpulent et de haute taille. Or, il arrive maintes fois que le sujet à gros biceps se montre d'une infériorité manifeste lorsqu'il s'agit de courir ou simplement d'escalader rapidement une montée un peu raide ; que le leveur de poids est incapable de sauter le moindre obstacle ; enfin que le solide gaillard ne peut même pas suivre un sujet d'aptitude très ordinaire dans une marche un peu lon-

HÉBERT, Code. *a*

gue, une excursion, une partie de chasse, etc.
L'ignorance de la valeur relative des performances
dans les divers exercices est à peu près générale
et donne lieu aux appréciations les plus fantai-
sistes. On ne sait pas distinguer l'effort ordinaire
ou moyen de l'effort athlétique ; on ignore ce que
l'on peut habituellement demander à l'organisme
sans le détériorer.

D'un autre côté, aucune méthode ne précise
d'une manière concrète la fin que se propose
l'éducation physique ou l'entraînement, c'est-à-
dire les résultats matériels à atteindre. Il en résulte que les élèves comme les maîtres ignorent
où ils doivent en venir. Or, non seulement on
travaille sans ardeur et sans goût lorsqu'on travaille sans but précis, mais, de plus, on perd forcément du temps à répéter sans profit certains
exercices. C'est pourquoi j'ai cru indispensable
d'établir exactement quel doit être le « bagage »
physique du sujet éduqué ou entraîné. Sous le
titre : « Le développement élémentaire — Conditions à remplir pour être considéré comme
débrouillé », j'ai énuméré les performances à
accomplir et les mouvements utilitaires qu'il est
indispensable de connaître et de pouvoir exécuter
en tout temps avec facilité. J'ai également précisé,
en le matérialisant par des épreuves mesurables
avec des performances cotées, le degré minimum

de valeur physique générale à posséder, suivant l'âge, pour ne pas être une nullité physique. A tel âge, un sujet de constitution normale doit pouvoir marcher et courir sur telle distance en tant de temps, sauter tel obstacle, lever tel poids, etc.

J'ai enfin créé une fiche-type de douze épreuves classiques, cotées suivant une échelle déterminée, dite échelle d'aptitude, qui permet de mesurer, en l'évaluant numériquement, la force ou la valeur physique générale d'un sujet quelconque.

Étant donnée la complexité des éléments qui caractérisent la force physique, il est bien évident que la mesure de la valeur de la force d'un sujet constitue un problème difficile à résoudre, et je n'ai nullement la prétention d'avoir trouvé une formule d'évaluation exacte et définitive.

Aussi bien le *Code de la Force* est loin d'être une œuvre définitive ; l'expérimentation aidera constamment à le compléter, à le rectifier et à le modifier au besoin (1). Les recherches originales

(1) Je signale à ce propos que cette deuxième édition du *Code de la Force* (1914) contient, — et il en sera de même des éditions suivantes, — à la suite de recherches et d'observations nouvelles, des modifications dans l'échelle de notation des performances et dans les règles d'exécution des épreuves. Ces modifications successives n'ont pour but que de rendre de plus en plus précis les éléments d'évaluation de la force.

qu'il contient, de même que tous les chiffres concernant la valeur relative des performances, la cote des aptitudes, etc., sont le résultat d'études et d'expériences longues et consciencieuses faites sur des milliers de sujets de tous âges (enfants, adultes et hommes faits), de toutes professions, de toutes provenances et de toutes conditions sociales. C'est là le principal mérite de cet ouvrage et à ce titre il peut marquer, je crois, une nouvelle étape dans la voie du progrès en éducation physique.

Mai 1911.

INTRODUCTION

L'ÉDUCATION PHYSIQUE
ou
L'ENTRAINEMENT COMPLET
PAR
LA MÉTHODE NATURELLE

Si l'on considère les diverses méthodes d'éducation ou de culture physique, de gymnastique ou d'entraînement existant à l'heure actuelle, on voit que *théoriquement* toutes recherchent le perfectionnement physique, mais *pratiquement* toutes poursuivent des buts très différents, faute d'un accord général et complet sur les résultats matériels à atteindre et sur les conditions à remplir pour être considéré comme perfectionné physiquement. Les unes visent seulement le développement de la musculature et ne s'attachent qu'à l'aspect extérieur du corps ; d'autres se bornent à peu près uniquement à la pratique de mouvements conventionnels des bras, des jambes et du tronc, exécutés avec ou sans appareils, ou bien ont pour seule préoccupation la correction des attitudes ; d'autres encore ne voient dans la culture corporelle que le travail avec des poids, légers ou lourds; d'autres enfin ne s'appliquent qu'à l'exécution d'exercices de fantaisie ou acrobatiques, sans aucune utilité pratique, à toutes sortes d'engins artificiels, etc.

Toutes les discussions relatives à la valeur respective des méthodes cesseront le jour où l'entente sera faite sur les résultats matériels à atteindre. On aura alors un moyen pratique de comparaison. La meilleure méthode sera celle qui permettra d'arriver au but le plus sûrement et le plus rapidement possible et dont l'application pratique sera en même temps la plus simple, la plus agréable, la moins dispendieuse, etc.

La méthode que j'ai établie et que je préconise depuis plusieurs années vise le développement *complet* et *utilitaire*. Elle convient à tous et elle est applicable partout : dans les écoles, dans les sociétés, dans l'armée. Des essais officiels, tentés dans divers milieux scolaires et militaires, ont suffisamment prouvé l'excellence de ses résultats. Les enfants en particulier l'acceptent avec enthousiasme et la pratiquent avec joie, parce qu'elle leur procure l'occasion d'exécuter tout ce dont ils ont *instinctivement envie* et *besoin*. Enfin elle a été rendue réglementaire dans la Marine, où son application se poursuit régulièrement, non seulement chez les matelots, mais aussi chez les mousses de 14 à 17 ans et chez les pupilles de 7 à 14 ans.

Sans aucune prétention comme sans aucune

crainte de provoquer un démenti, je puis affir-
mer qu'elle donne des résultats incontestablement
supérieurs à tous les systèmes. J'en appelle à
tous ceux qui ont pu la juger de près et faire les
comparaisons nécessaires. Les succès qu'elle
obtient partout où elle est introduite, la faveur
populaire dont elle jouit et d'autre part l'appui très
sérieux qu'elle rencontre auprès des autorités médi-
cales me font espérer la voir devenir bientôt la méthode *nationale* d'entraînement de notre jeunesse.

Cette méthode peut s'appeler la *méthode natu
relle* par excellence. En voici la raison.

J'ai toujours considéré l'éducation physique,
c'est-à-dire la recherche du perfectionnement
physique de l'être humain, comme une question
simple et naturelle, me refusant à y voir un problème compliqué de biologie. La nature, en effet,
n'a pas condamné l'homme à rester faible. Elle le
pousse au contraire à se développer, en lui sug-
gérant ce qu'il doit faire en quelque sorte par l'instinct. S'il ne parvient pas tout naturellement à son
développement complet, c'est que, dès l'enfance,
les conventions et les nécessités sociales restreignent
son activité spontanée ou la dirigent dans un sens
défectueux. La paresse physique est, en outre, la
conséquence forcée des commodités croissantes
de l'existence et de l'exagération du bien-être.

Les procédés divers à employer pour devenir
fort ne se rattachent pas aux découvertes de la
science, ils découlent de l'observation de la nature
et de l'expérimentation. Le corps humain n'est
pas une machine sur le fonctionnement rigou-
reux de laquelle on puisse raisonner *a priori* ;
l'observation et l'expérience seules permettent de
juger ce que le corps est capable de produire et
de déterminer ce qui lui convient le mieux. Donc,
plus on a formé et éduqué de sujets et plus on
peut avoir acquis de compétence en matière
d'éducation. Par là on s'explique comment l'on
peut avoir des connaissances approfondies en
anatomie et en physiologie, telles qu'en possèdent
les médecins, et se trouver totalement incapable
de s'éduquer soi-même ou d'éduquer les autres.
Je parle ici de l'éducation physique des sujets
normaux et non pas de gymnastique médicale.
En résumé, c'est une profonde erreur de croire
que les procédés conventionnels et d'apparence
scientifique ou que les mouvements artificiels
peuvent remplacer les moyens et les mouvements
naturels. Il y a là, à mon avis, une fausse conception de l'éducation physique, que les partisans de
l'*école suédoise,* en particulier, essaient de faire
pénétrer partout, aussi bien dans les milieux
scolaires que dans les milieux militaires (1), mais

(1) Toutefois il y a lieu de remarquer qu'une réaction se pré-
pare. Ainsi l'Ecole de Gymnastique de Joinville, sans renoncer

contre laquelle je m'élève résolument. La preuve pratique de ce que j'avance est facile à faire en calculant, d'après le procédé que j'indique dans le présent ouvrage, la valeur physique générale des sujets éduqués, dans le même temps et dans les mêmes conditions, par la méthode naturelle et par les méthodes soi-disant scientifiques ; l'infériorité de ces dernières apparaît tout de suite très nettement.

*
* *

La *méthode naturelle* dérive d'une conception très simple, qui est la suivante :

L'homme, comme tout être vivant, doit parvenir à son développement physique intégral par la seule utilisation de ses moyens naturels de locomotion, de travail et de défense. Il est de plus organisé pour vivre à l'air libre, avec ce revêtement naturel qu'est la peau, et bâti pour pratiquer un certain nombre d'exercices qui répondent préci-

complètement aux erreurs passées, s'oriente nettement vers la méthode naturelle. On peut s'en rendre compte à la lecture du rapport que cette Ecole a présenté au dernier Congrès international de l'Education physique, à Paris, en mars 1913. Elle reconnaît maintenant l'importance des exercices naturels et utilitaires pour la formation du type complet de force, de vitesse et de fond ; elle signale, en outre, les bienfaits hygiéniques du bain d'air, après avoir, pendant plus d'un demi-siècle, imposé à ses élèves le travail tout habillé, la tête coiffée ! De plus, elle admet le principe et propose l'adoption officielle du système des épreuves de mesure de l'aptitude physique, tel qu'il est exposé dans cet ouvrage.

sément à ses besoins. Ces exercices, qu'on peut dénommer *utilitaires indispensables,* forment huit groupes distincts, qui sont : la marche, la course, le saut, le grimper, le lever, le lancer, la défense naturelle (par la boxe et par la lutte) et la natation.

Il suffit de réfléchir un instant pour comprendre que ces huit groupes d'exercices sont tous utiles à des degrés différents dans le cours de toute l'existence. En dehors d'eux, il reste seulement des exercices tels que l'escrime, l'équitation, l'aviron... qui sont d'une utilité secondaire ou limitée à certaines catégories de personnes ; ou bien des jeux, des sports, des exercices de fantaisie et acrobatiques ; mais aucun parmi ces derniers n'est indispensable à tous les individus, sans distinction de professions ou de classes.

Les exercices utilitaires indispensables sont pour moi les *véritables exercices éducatifs.* La meilleure preuve de leur excellence n'est-elle pas donnée par les individus de certaines peuplades sauvages qui n'en connaissent pas d'autres et fournissent néanmoins les plus beaux spécimens de force, de beauté, de santé et d'adresse de toute la race humaine ? Les fameux soldats et athlètes grecs et romains, dont la valeur physique ne sera certainement jamais dépassée, n'ont-ils pas employé ces seuls exercices ? L'enfant dont on ne contrarie pas l'instinct ne les recherche-t-il pas lui aussi tout naturellement ? Pour vous en con-

vaincre, regardez-le marcher, courir, sauter et
gambader, grimper et escalader, lever des objets
ou les transporter, faire toutes sortes de lancers,
lutter avec ses camarades. D'autre part, l'animal ne
nous offre-t-il pas un excellent exemple de développement complet acquis par de simples exercices
naturels, auxquels tous les procédés scientifiques
et artificiels sont évidemment étrangers ?

Enfin, le fait d'observation suivant n'est-il pas
caractéristique ? Chez l'homme comme chez tous
les autres êtres, l'exercice naturel le plus pratiqué
par instinct et toujours poussé au maximum de
violence dès l'âge le plus tendre, c'est le procédé
de locomotion le plus rapide. La *course* est donc
pour l'homme le premier et le plus important des
exercices éducatifs. Aussi constitue-t-elle l'exercice de base ou fondamental de la méthode naturelle.

* *
*

Considérons maintenant l'être humain dans le
cours de l'existence. Pour *durer,* la nature lui
commande de *résister*. La force de résistance est la
première des qualités qu'il lui faut posséder. Dans
une méthode d'éducation physique, tout doit
tendre à développer cette qualité au plus haut point.

D'autre part, la vie est une lutte continuelle où
le plus *vite*, le plus *adroit* et le plus *énergique*
s'assure l'avantage. La vitesse, l'adresse et les

qualités d'action ou viriles sont aussi des éléments primordiaux de la force.

Des considérations précédentes se déduisent les caractéristiques fondamentales de la Méthode naturelle :

1° *Production journalière, dans un temps déterminé, d'une somme suffisante de travail ou d'efforts,* dans le but d'acquérir la résistance.

2° *Pratique méthodique des exercices utilitaires indispensables,* en accordant à chacun d'eux le degré d'importance qui lui revient.

3° *Endurcissement de l'organisme* au froid, à la chaleur, au soleil et aux intempéries par le travail au *grand air,* le *corps nu* ; et *rapprochement de l'état de rusticité* par des habitudes de *frugalité,* de *sobriété* et de *simplicité* dans la manière de vivre, afin d'augmenter la valeur de la résistance générale.

4° *Mise en jeu des qualités d'action ou viriles :* énergie, volonté, courage, sang-froid...

A ces caractéristiques principales il convient d'ajouter la mise en pratique de tous les moyens capables d'augmenter la variété des aptitudes physiques et des connaissances du même ordre : exercices autres que les exercices utilitaires indispensables, jeux, sports de toutes sortes, danses,... travaux manuels les plus communs ; sans oublier l'exercice de la *voix,* par le *chant* ou par le *cri.*

Dans chacun des huit genres d'exercices utilitaires, comme dans tout exercice quel qu'il soit, il doit exister évidemment une *gradation* de la *difficulté* ou un *dosage* de la *violence*. Certains exercices peuvent même se décomposer en mouvements partiels ou *élémentaires*, accessibles aux sujets les plus faibles.

Des exercices correctifs sont également nécessaires pour rectifier les défauts et les mauvaises attitudes. Toutefois, quels que soient le nombre et la variété des exercices élémentaires et correctifs, le fond de la Méthode naturelle, sa partie *essentielle*, reste constitué par les huit genres d'exercices utilitaires indispensables, pratiqués au grand air et dans l'état le plus voisin possible de la nudité. La Méthode naturelle se trouve ainsi en opposition d'esprit complète avec tous les autres systèmes d'éducation ou de culture physique, qui considèrent précisément les exercices élémentaires et correctifs, ainsi que les exercices conventionnels des jambes, des bras et du tronc, comme la base de l'éducation physique.

*   *
*

La *Méthode naturelle* d'éducation physique est un retour à la nature, raisonné et adapté aux conditions de la vie sociale actuelle.

Dans cette méthode le principe de la *séance de travail quotidien* consiste précisément à rétablir, pendant un temps déterminé, les conditions mêmes de la vie naturelle.

La façon de travailler est par suite extrêmement simple. Une leçon ou une séance de travail comprend : des exercices de marche, de course, de grimper, de saut, de lever, de lancer, de défense et, quand on le peut, de natation.

Elle comporte de plus un *bain d'air*, avec au moins le torse nu, d'une durée variable suivant les circonstances atmosphériques, et des *soins de la peau* (frictions, ablutions) pendant ou après le travail.

Elle a lieu au *grand air* ou, à défaut, dans un endroit aussi aéré que possible.

Elle doit représenter un *travail soutenu* et *continu* dont la *dose* et la *difficulté* varient suivant l'âge, la constitution, le degré de force ou d'entraînement des exécutants.

Elle est enfin complétée, s'il y a lieu, par des chants, des jeux, des danses, des sports... ou des travaux manuels.

Sa durée est d'une heure en moyenne.

En résumé, la *Méthode naturelle* consiste à faire exécuter à l'homme ce pour quoi il est fait.

Elle s'adresse à tous les sujets normaux sans exception, à l'enfant comme à l'adulte, à l'homme

comme à la femme. Elle peut servir aussi bien
pour l'éducation physique proprement dite que
pour l'entraînement spécial du soldat ou le perfectionnement de l'athlète. Elle convient pour la
rééducation des adultes comme pour l'entretien
de la santé chez les sujets déjà formés.

Seulement la façon de l'appliquer ou de l'envi-
sager diffère suivant les cas. Avec l'enfant, par
exemple, elle doit conserver un caractère éducatif
afin de ménager la croissance ; avec la femme
elle doit viser surtout au développement de la
souplesse et de la grâce ; avec le jeune homme, et
notamment le militaire, elle peut présenter un
caractère athlétique ; enfin, avec l'homme mûr,
elle doit être hygiénique.

Les exercices sont les mêmes pour tous : seules
la *dose* et la *difficulté* varient suivant l'âge, le
sexe, la condition sociale, le degré d'entraînement
déjà acquis, l'état de santé, etc.

Les procédés naturels de développement indiqués précédemment : travail au grand air, bain
d'air, pratique des exercices utilitaires indispensables, sont immuables comme la nature même
de l'homme. Mais la manière de travailler, de
graduer les difficultés, de combiner les exercices
et d'en régler la technique est essentiellement
perfectible par l'expérience.

La *Méthode naturelle* n'est pas une création de
l'esprit. Image fidèle de la vie, elle reproduit les

gestes cent fois séculaires qui sont ceux de notre espèce. Vieille comme le monde, puisqu'elle a toujours été pratiquée *instinctivement,* elle marque pourtant une rénovation, presque une révolution, dans les idées actuelles sur l'éducation physique.

* *
*

L'éducation physique, dans son sens le plus large, ne doit pas se borner à la simple pratique méthodique des exercices du corps. Éduquer un sujet, c'est avant tout chercher à en faire un « homme ». Or, l'homme n'est pas un simple pantin articulé ; il possède une âme et un cerveau.

La culture *virile* et la culture *morale* sont inséparables de la culture purement physique. En général, toutes les méthodes de gymnastique pèchent par là ; elles n'insistent pas sur ce point capital.

L'éducation physique doit être l'école de l'énergie ; elle doit élever le moral et faire naître de nobles sentiments ; autrement, elle ne forme que des brutes ou des automates. Tout éducateur digne de ce nom ne doit rien négliger pour favoriser le plus possible le développement des *qualités viriles* ou d'action et exalter au plus haut point les sentiments de bienfaisance, de devoir, de dévouement... des sujets qui lui sont confiés. Il doit lui-même prêcher d'exemple, afin d'inspirer à tous l'amour du *travail* et le culte de la *force*.

LE CODE DE LA FORCE

CHAPITRE PREMIER

LA FORCE PHYSIQUE

1. — But final de l'éducation physique ou de l'entraînement.

Devenir fort en travaillant méthodiquement.

2. — Ce que signifie « être fort ».

« Être fort » signifie être développé d'une manière *complète* et *utile*.

Un spécialiste remarquable dans un seul genre d'exercice, mais nul dans les autres, comme un leveur de poids ou un lutteur qui ne peut ni courir, ni grimper…, ou bien comme un coureur ou un boxeur qui ne sait pas nager, ou ne peut pas grimper…, n'est pas fort d'une manière *complète*.

D'autre part, un sujet qui se contente de briller

dans les exercices ou sports de fantaisie (tels que jeux
de toutes sortes : football, tennis... ; gymnastique aux
engins artificiels : barre fixe, trapèze...), mais qui
ignore l'art de nager, de se défendre ou bien craint le
vertige..., n'est pas fort d'une manière *utile*.

En un mot, être fort consiste à posséder avant tout
une aptitude suffisante dans les *exercices utilitaires
indispensables* à tous et à tout âge et non pas à exceller
uniquement dans les exercices de pure fantaisie ou
n'ayant qu'une utilité secondaire.

3. — Les exercices utilitaires indispensables à tous et à tout âge.

Ces exercices forment huit groupes distincts qui
sont :

La marche ;

La course ;

Le saut ;

Le grimper ;

Le lever ;

Le lancer ;

La défense naturelle (par la boxe et par la lutte) ;

La natation.

Ces huit genres d'exercices sont suffisants à eux seuls
pour permettre d'atteindre le plus haut degré de
développement physique et de se tirer d'affaire dans
toutes les circonstances difficiles de l'existence.

La marche, la course et le saut constituent les exercices *naturels* par excellence ; ce sont les *plus indispensables* de tous.

4. — Les exercices ou sports ayant un caractère d'utilité secondaire, c'est-à-dire non indispensables à tous et à tout âge ou ne s'adressant qu'à certaines catégories d'individus. Parmi ces exercices, citons :

L'escrime ;

L'équitation ;

L'aviron ;

Le tir ;

La défense avec des armes (bâton, canne...).

Tous les moyens artificiels de se transporter dans lesquels le travail des jambes intervient : cyclisme, patinage, ski, échasses...

5. — Les exercices ou sports n'ayant aucun caractère utilitaire indispensable à tous et à tout âge.

Tous les exercices de fantaisie aux engins artificiels : barre fixe, trapèze, anneaux, barres parallèles, cheval de bois...

Tous les exercices *acrobatiques* en général sans appareils ou avec appareils.

Tous les *jeux* : football, tennis, cricket, hockey, golf...

6. — Qualités à posséder pour être fort.

1° Avant tout, de la *force de résistance* ou du *fond*, c'est-à-dire pouvoir exécuter sans défaillance un travail prolongé, gymnastique ou autre ; pouvoir répéter longuement les mêmes efforts ; enfin, être capable de supporter des fatigues de toutes sortes.

Cet élément de force, le plus précieux de tous, dépend en grande partie de la valeur et du fonctionnement des organes internes, plus particulièrement des poumons et du cœur. Il est la conséquence naturelle de l'entraînement régulier et méthodique ou du travail soutenu, quel qu'il soit ; enfin il dépend aussi d'une vie hygiénique et régulière, exempte d'excès de toutes sortes.

2° De la *force musculaire* ou du *muscle,* c'est-à-dire pouvoir exécuter avec les différentes parties du corps des efforts suffisants en tous sens : tirer, pousser, presser, lever, lancer, se hisser, donner un coup pour se défendre, etc.

Cet élément de force dépend directement du degré de développement atteint par les muscles et aussi de l'excitation nerveuse qui leur est communiquée par la volonté, c'est-à-dire de la puissance du système nerveux.

3° De la *vitesse,* c'est-à-dire la faculté de pouvoir accomplir des gestes vifs, des détentes rapides, des départs instantanés à un signal donné, etc.

Cet élément de force dépend avant tout de la plus ou moins grande sensibilité du *système nerveux,* qui est l'organe transmetteur de la volonté aux muscles à mouvoir. Il dépend également de la qualité musculaire et de la plus ou moins grande souplesse des articulations. Les muscles longs, minces et tendres au toucher sont plus favorables aux mouvements vifs que les muscles courts, gros et constamment durs.

4° De *l'adresse,* c'est-à-dire de l'habileté non seulement à se servir de ses muscles et à utiliser ses aptitudes, mais également à économiser ses forces pour reculer l'apparition de la fatigue.

Les sujets vigoureux mais *maladroits* gaspillent en général leurs forces sans utilité ou sans résultats précis. Ils sont souvent, à cause de cela, inférieurs aux sujets de force moyenne sachant mieux calculer leurs efforts, c'est-à-dire *adroits*.

5° Des *qualités viriles*, c'est-à-dire de l'énergie, de la volonté, du courage, du sang-froid, du coup d'œil, de la décision, de la fermeté et de la ténacité; du goût pour l'effort physique et moral. Enfin suffisamment d'empire sur soi pour vaincre la *peur* en toutes circonstances, ne jamais trembler devant un danger, être insensible au vertige, résister aux douleurs physiques et morales.

Un sujet de valeur physique moyenne mais énergique, décidé, courageux et tenace... est toujours supérieur dans l'existence au sujet ayant des aptitudes physiques exceptionnelles, mais mou, paresseux, peureux et sans vigueur morale.

6° Une connaissance complète des procédés d'exécution des *exercices utilitaires indispensables* et en même temps un degré suffisant d'aptitudes dans chacun d'eux.

A cette liste, il convient d'ajouter :

L'endurance au froid et aux intempéries, aussi bien qu'à la chaleur et aux rayons brûlants du soleil. Cette qualité fait partie en somme de la force de résistance générale.

Enfin la *sobriété*, c'est-à-dire la tempérance dans le boire et le manger ; et la *frugalité*, c'est-à-dire la simplicité dans le choix des aliments.

De deux sujets d'égale valeur physique, celui qui
pour s'entretenir consomme la plus petite quantité d'aliments et de boissons et qui de plus se contente de
mets simples, est supérieur à l'autre dans toutes les
circonstances difficiles : les expéditions, les guerres, les
catastrophes, etc.

7. — Définition complète de l'être fort.

Les qualités qui caractérisent l'être fort peuvent se
résumer ainsi :

L'être fort est résistant, musclé, vite, adroit, énergique, endurant, frugal et sobre. De plus, il sait marcher,
courir, sauter, grimper, lever, lancer, se défendre et
nager.

8. — La force absolue et la force relative.

La valeur *absolue* du développement physique ou de
la force diffère suivant les individus ; elle dépend essentiellement de leur constitution et elle est également
en rapport avec leur charpente osseuse, leur taille,
leur poids... et, en général, avec toutes leurs aptitudes
innées.

Par hérédité, les uns possèdent des organes parfaits
et d'une vitalité exceptionnelle, ou bien ils ont une
haute taille ou sont solidement charpentés ; d'autres,
au contraire, ont des organes peu résistants quoique
sains, ou bien ils sont désavantagés par la taille, le
poids, etc.

Les sujets bien doués à tous points de vue et qui de

plus ont travaillé pour acquérir leur perfectionnement physique complet, possèdent nécessairement une force *absolue* supérieure à celle des sujets moins bien doués qu'eux. Ces derniers, malgré un entraînement sévère, ne peuvent jamais parvenir à les égaler, à cause de l'infériorité de leurs moyens naturels. C'est ce qui explique pourquoi un travail ou une performance facile pour certains constitue pour d'autres un travail surhumain à accomplir.

Il y a pour chacun une dose particulière de vitalité et un maximum de puissance physique *impossible à dépasser.*

La force, considérée au seul point de vue de sa valeur *absolue*, la force musculaire brutale en particulier, n'a qu'une importance secondaire dans la vie civilisée. La lutte pour l'existence ne consiste pas en combats singuliers dans lesquels les individus de force supérieure sont seuls à triompher. Ce qui importe, c'est d'atteindre le *degré de développement correspondant à sa propre constitution,* de façon à faire produire à l'organisme, sans le détériorer, son rendement maximum, c'est-à-dire toute sa force.

D'après cela, celui qui, par le travail méthodique, est arrivé à porter sa puissance à un degré voisin du maximum permis par sa constitution, est un être *fort.*

Un sujet doué d'une vigoureuse constitution peut être relativement faible si, par paresse physique ou pour toute autre cause, la puissance physique qu'il possède a une valeur inférieure à celle que sa constitution pourrait lui permettre d'atteindre.

Au contraire, un sujet de constitution moyenne, voire même faible, peut être fort si, par le travail et la persévérance, il a pu atteindre le degré de développement correspondant à sa constitution.

D'autre part un sujet de constitution moyenne, même de petite taille et de faible poids, sans aucune aptitude naturelle spéciale mais qui s'est perfectionné physiquement, est pratiquement supérieur dans l'existence au sujet très bien doué naturellement, possédant de plus une vigoureuse constitution, mais incapable d'utiliser convenablement sa force naturelle ou la gaspillant en pure perte.

Le développement physique *complet* ne peut s'acquérir que par l'éducation physique ou l'entraînement méthodique. Autrement, il est toujours imparfait d'une façon ou d'une autre.

Certains sujets profitent de ce qui leur a été légué héréditairement. Sans avoir besoin d'éducation physique et avec très peu de travail, ils arrivent à posséder une force *absolue* de beaucoup supérieure à la moyenne. Mais ces sujets constituent une infime exception. Beaucoup d'entre eux se contentent souvent du reste de cette supériorité naturelle et ne cherchent pas à pousser plus avant leur perfectionnement.

9. — Le développement athlétique et le développement élémentaire. — Athlète et sujet simplement débrouillé.

Lorsque, chez un même sujet, toutes les qualités qui caractérisent l'être fort atteignent un degré exceptionnel, ce sujet possède un développement athlétique, autrement dit, c'est un *athlète*.

Le développement athlétique ne peut pas être atteint par tous. Deux choses s'y opposent : tout d'abord la constitution première plus ou moins imparfaite d'un grand nombre de sujets qui les condamne à ne pouvoir dépasser un certain degré de force ; ensuite les exigences sociales, qui ne laissent à l'éducation physique ou à l'entraînement qu'un temps très limité.

Il y a cependant un degré *minimum* à atteindre dans le développement des qualités physiques. Le sujet éduqué physiquement doit avoir acquis un certain *débrouillage* pour surmonter les difficultés matérielles de l'existence, se tirer d'affaire en toutes circonstances ou en tirer les autres.

Ce minimum de force à posséder ou ce débrouillage constitue le *développement élémentaire*.

Un sujet *débrouillé* est donc celui qui est parvenu à atteindre au moins la limite inférieure du développement élémentaire (Cette limite est précisée au chapitre V).

Il y a évidemment intérêt à être débrouillé le plus tôt possible, car les dangers ou les difficultés physiques sont aussi nombreux pour l'enfant que pour l'homme fait, et la conservation de l'existence peut dépendre à tout instant, pour l'un comme pour l'autre, de la connaissance de certains exercices utilitaires. Mais la limite inférieure du débrouillage ou développement élémentaire est évidemment différente suivant les âges.

10. — Utilité et importance de la constatation ou mesure de la force.

Il est indispensable de pouvoir à tout instant déterminer ce que vaut pratiquement un sujet, c'est-à-dire se faire une idée nette de sa puissance physique ou force générale *absolue,* afin de savoir ce qu'il peut accomplir, les services qu'il est capable de rendre, etc.

Le professeur ou l'entraîneur ont besoin de cette indication pour poursuivre l'éducation physique ou l'entraînement de leurs élèves. Le chef militaire en a également besoin pour l'utilisation pratique des hommes sous ses ordres. Enfin, chacun a évidenmment intérêt à connaître exactement la mesure de sa force pour pouvoir se débrouiller en toutes circonstances, pour régler la quantité d'effort ou de travail qu'il est en droit de demander à son organisme sans risquer de le détériorer, pour se comparer à ses semblables, etc.

L'organisme est comparable à un moteur qui développe habituellement telle puissance et atteint exceptionnellement tel maximum. L'ignorance de la puissance du moteur humain a pour conséquence son utilisation défectueuse au point de vue du rendement en travail. Dans certains cas, on demande à l'organisme de fournir des efforts trop intenses pour sa puissance, ce qui le détériore rapidement ; dans d'autres cas, au contraire, on ne lui fait produire que des efforts trop faibles, c'est-à-dire qu'on l'utilise incomplètement.

11. — Manière de constater ou de mesurer la force. — Le système des épreuves.

La constatation ou mesure de la force absolue, pour avoir une signification pratique et utilitaire, ne peut se faire qu'au moyen d'*épreuves* faisant intervenir, ensemble ou séparément, les qualités qui caractérisent l'être fort.

L'aspect extérieur ou l'apparence générale d'un sujet, sa taille, son poids ou ses mensurations ne donnent que des indications vagues, souvent même trompeuses, sur la valeur de sa force.

Par exemple, un sujet de taille élevée, large d'épaules et corpulent, peut parfaitement n'avoir qu'une faible capacité respiratoire et une résistance très médiocre. Inversement, un sujet d'apparence ordinaire, petit et mince, peut posséder de bons et solides poumons et une résistance exceptionnelle.

De même un sujet à poitrine bombée, qui semble posséder une grande capacité respiratoire et une excellente aptitude pour les exercices violents, n'a au contraire que des poumons faibles. Inversement, un sujet à poitrine presque plate possède des organes en parfaite condition et étonne par sa résistance au travail.

Enfin un sujet corpulent qui semble bien musclé n'a qu'une force musculaire très ordinaire ; au contraire, un sujet sec et mince est capable de fournir des efforts musculaires très intenses et supérieurs à ceux du sujet corpulent.

En résumé, de toutes ces considérations il résulte d'une façon générale :

1º Que la taille élevée, la corpulence, la poitrine

large, les gros bras, les grosses jambes ne sont nullement des indices *sûrs* de force ;

2° Que la capacité respiratoire, la puissance pulmo-
naire ou la résistance ne dépendent pas de la grandeur
du périmètre thoracique, encore moins de la corpulence ou de la taille ;

3° Que la force musculaire ne dépend pas uniquement de la grosseur absolue des muscles ; elle dépend
également de l'énergie individuelle, c'est-à-dire de l'excitation nerveuse qui leur est communiquée par la volonté.

Il n'y a par suite qu'un seul moyen pratique de déterminer avec certitude la valeur de la force d'un sujet,
c'est de voir ce sujet à l'œuvre en lui faisant subir un
nombre d'épreuves suffisant, de façon à pouvoir juger
exactement ses aptitudes.

En dehors du procédé des épreuves pratiques, com-
posées d'exercices utilitaires indispensables, il existe
toute une série d'appareils enregistreurs : dynamo-
mètres, spiromètres, pneumographes,... permettant de
mesurer la force particulière des bras, des poignets,
des jambes, des reins, la capacité respiratoire, la puissance des coups de poing et de pied, les battements du
pouls, etc. Ces appareils sont très utiles pour l'étude
raisonnée et suivie des effets de l'exercice sur le développement du système musculaire ou sur le fonctionnement des organes. Mais au point de vue où nous nous
plaçons, c'est-à-dire au point de vue *pratique* et *utilitaire,* leur intérêt n'est que secondaire. Ils ne peuvent
pas donner, en effet, d'indications précises sur les aptitudes dans les divers exercices.

Un sujet qui, au spiromètre par exemple, accuse

une capacité respiratoire très forte, peut parfaitement n'avoir aucune aptitude pour un exercice, comme la course, demandant de bons poumons. Beaucoup de chanteurs sont dans ce cas.

De même, un sujet qui, au dynamomètre, accuse une grande puissance des membres supérieurs, peut parfaitement être incapable de se hisser à la force des bras.

12. — Signes indicateurs de la force ou de la faiblesse.

D'après ce qui précède, l'apparence ou l'aspect extérieur ne donne aucune indication précise sur la vitalité des organes internes pas plus que sur la valeur réelle de la résistance, de la force musculaire ou de toutes les autres qualités qui caractérisent l'être fort. Cependant, certains indices permettent à première vue d'avoir une idée approchée de la valeur physique générale d'un sujet ou tout au moins donnent le moyen de le classer d'avance dans la catégorie des forts ou des faibles.

Les principaux indices permettant de présumer qu'un sujet est *fort* sont les suivants :

1º Une *conformation normale*, c'est-à-dire aucune difformité ni déformation importante des membres et du tronc ;

2º Une *poitrine large et ouverte* ;

3º Une *musculature complètement développée*, en particulier dans la région abdominale ;

4º *Aucune trace de graisse*, surtout dans la région abdominale ; autrement dit tous les muscles saillants et à fleur de peau ;

5º Une *respiration ample et lente* ;

6° Une *aisance générale* dans tous les mouvements ;

7° Un *aspect général vigoureux et énergique* ;

8° Un état de *parfaite santé.*

Les principaux indices permettant de présumer que le sujet est *faible* sont les suivants :

1° Un *défaut important dans la conformation,* tel que : une déviation de la colonne vertébrale (voussure ou dos rond, ensellure ou reins trop creusés, scoliose ou déviation latérale en forme d'S) ; une déformation prononcée dans les membres inférieurs (jambes arquées ou en O, jambes cagneuses ou en X, pieds plats...) ; ou dans les membres supérieurs (épaules portées en avant, épaules tombantes, une épaule plus basse que l'autre, avant-bras dévié en dehors ou en arrière de la ligne du bras...) ;

2° Une *affection chronique* quelconque (varices, varicocèle, hernie,...) ou une *lésion organique grave,* surtout du côté du cœur et des poumons ;

3° Une *poitrine étroite, aplatie* ou *rentrée* dans les épaules ;

4° Une *atrophie musculaire* générale ou partielle ; un ventre mou ou pendant, des bras et des jambes grêles, un tronc en forme de cylindre, un dos plat, des omoplates saillantes ;

5° Une *extrême maigreur* (rachitisme) ou une *extrême rondeur des formes* (accumulation de graisse dans les tissus) ; un ventre proéminent par suite d'obésité ou d'hydropisie ; de la bouffissure et même un simple *embonpoint ;*

6° Une *respiration courte ;* de *l'essoufflement* au moindre déplacement rapide ;

7° Un aspect général *chétif* ou au contraire *empâté* ; un regard terne ; de l'hésitation ou de la gêne dans les mouvements ; de la *nervosité ;* une peur continuelle de se fatiguer ou de se faire mal ; de la sensibilité au *vertige*.

8° Un état général *maladif*.

13. — Types de force.

La force se manifeste de diverses façons, sous forme d'efforts de toutes sortes, de travail intense mais court, de travail modéré mais long. D'autre part, les sujets forts, même s'ils sont équivalents au point de vue *valeur d'ensemble,* n'ont pas tous les mêmes qualités développées au même degré. Chez les uns, la force musculaire prédomine, tandis que chez d'autres c'est plutôt la force de résistance ou bien encore l'adresse, la souplesse et l'agilité.

La prédominance de l'une ou de l'autre des qualités caractérisant la force a une influence sur l'aspect extérieur du corps. Par exemple, un sujet spécialisé dans le lever des poids ou les travaux demandant surtout de la force musculaire possède, en général, une musculature puissante qui lui donne l'apparence athlétique, tandis qu'un sujet spécialisé dans les exercices de vitesse, comme la course, les sauts, la boxe... conserve au contraire une apparence plutôt svelte. Cela tient à ce que l'organisme finit par s'adapter complètement au genre de travail ou d'effort qu'on lui demande de produire habituellement, et que ses diverses parties se modifient en conséquence.

D'après la nature de leurs qualités, les sujets forts peuvent se classer en deux types principaux complètement opposés tant au point de vue de l'aspect qu'au point de vue des aptitudes :

1° Le *type fin* ou *de vitesse*, caractérisé extérieurement par la finesse des formes et par des muscles longs et souples. Ses principales qualités sont la vitesse, la souplesse, l'agilité et la résistance ;

2° Le *type massif* ou *type hercule,* caractérisé par une grosse charpente osseuse et un énorme développement musculaire. Sa principale qualité est la force musculaire.

Ces deux types sont les produits de deux entraînements ou de deux genres de travail différents. Mais l'hérédité a également une grande influence sur leur formation.

Il est bien évident, en effet, qu'un sujet court et trapu par nature ne peut pas être transformé même par un entraînement spécial en un sujet fin et élancé. On peut améliorer grandement ses aptitudes ou lui en faire acquérir de nouvelles, mais il est impossible de changer sa nature.

Le type fin est le type idéal, car il possède les aptitudes voulues pour réunir à la fois toutes les qualités et en particulier les deux plus essentielles : la résistance et la vitesse.

Le type hercule, gêné par sa masse, est désavantagé sous le rapport de la vitesse et de l'agilité. De plus sa musculature est souvent en disproportion avec ses organes internes ; il possède, pourrait-on dire, « trop de muscles et pas assez de poumons », ce qui le rend relativement peu résistant.

Le type de vitesse se distingue par la finesse et l'élégance des formes, le type hercule par la puissance de son aspect. Tous les deux sont forts, mais pas de la même façon. C'est, par comparaison, le cheval de course ou de vitesse et le cheval de trait ou de force.

Le type de vitesse est le type *naturel*, c'est-à-dire le type de l'homme vivant à l'état de nature ; de même que le cheval de vitesse est le type naturel du cheval sauvage. Le type hercule, comme le cheval de trait, est le produit d'un entraînement spécial aux travaux de force.

Ces deux types de force ont été représentés d'une façon très caractéristique dans la statuaire antique, et les deux plus beaux modèles à citer sont, d'une part, le *Héros d'Agasias* dit le *Gladiateur combattant,* comme type de vitesse, et, d'autre part, l'*Hercule Farnèse,* comme type massif.

Le type de vitesse et le type massif constituent évidemment des types *extrêmes*. Pratiquement on rencontre surtout des types *intermédiaires* ayant à la fois les aptitudes et l'aspect de l'un et de l'autre de ces deux types. C'est ainsi, par exemple, qu'il existe : des types vifs mais relativement peu résistants ; des types lents mais très résistants ; des types lourds et d'apparence massive mais agiles et très rapides ; des types d'apparence fragile mais très « nerveux », capables de fournir des efforts considérables grâce à la puissance de leur système nerveux ou de leur énergie et de leur volonté, etc., etc.

CHAPITRE II

MESURE DE LA FORCE PHYSIQUE

I. — SUJETS D'AU MOINS 18 ANS

14. — Série-type d'épreuves classiques servant à mesurer la force absolue ou l'aptitude physique générale.

La force absolue ou l'aptitude physique générale se mesure, d'une manière suffisamment précise, au moyen d'épreuves faisant intervenir ensemble ou séparément les principales qualités qui caractérisent l'être fort : force de résistance, force musculaire, vitesse, adresse, énergie...

La série-type d'épreuves choisie pour effectuer cette mesure se compose des douze exercices suivants :

1° Course de 100 mètres ;

2° Course de 5oo mètres ;

3° Course de 1 5oo mètres ;

4° Saut en hauteur sans élan ;

5° Saut en hauteur avec élan ;

6° Saut en longueur sans élan ;

7° Saut en longueur avec élan ;

8° Grimper à la corde lisse ;

9° Lever de poids à deux mains ;

10° Lancer du poids de 7^{kg},257 de chaque bras alternativement ;

11° Natation : parcours de 100 mètres ;

12° Natation : plongée sous l'eau.

15. — Signification des épreuves composant la série-type.

L'examen des épreuves composant la série-type montre que :

1° La *force de résistance* est évaluée au moyen de quatre épreuves : la course de 500 mètres (demi-fond) ; la course de 1500 mètres (fond) ; le parcours de 100 mètres à la nage (demi-fond), la plongée sous l'eau (résistance organique). De plus le fait d'exécuter, dans un intervalle de temps limité (douze heures), la série des douze épreuves, a pour conséquence de faire également intervenir la force de résistance *générale* du sujet ;

2° La *force musculaire* est évaluée par le lever de poids à deux mains, le lancer du poids, le grimper à la corde lisse ;

3° La *vitesse* est surtout évaluée par la course de 100 mètres et le saut en longueur avec élan ;

4° L'*adresse*, l'agilité, la souplesse, la coordination des mouvements, l'habileté à régler la dépense de ses forces sont données par les quatre genres de sauts, le lancer, les différents parcours à la course et à la nage ;

enfin, en ce qui concerne spécialement le réglage du travail, par l'exécution d'ensemble des douze épreuves ;

5° Les qualités d'*énergie,* de volonté, de coup d'œil, en un mot la plupart des *qualités viriles* trouvent l'occasion de se manifester pendant l'exécution de la série des douze épreuves, qui doivent être subies non seulement sans défaillance, mais de plus en donnant dans chacune d'elles le maximum d'efforts ;

6° Enfin le sujet qui subit les douze épreuves est obligé de prouver par cela même la valeur de ses aptitudes en course, saut, grimper, lever, lancer et natation, c'est-à-dire dans tous les genres d'exercices utilitaires indispensables, sauf la marche et la défense. Mais la marche, au point de vue détermination de l'aptitude générale, n'est, par rapport à la course, qu'une épreuve d'ordre secondaire, à cause de sa violence moindre. Quant à la défense, elle ne peut pas constituer une épreuve *individuelle ;* elle sert uniquement d'épreuve de *comparaison* des sujets entre eux. L'aptitude aux exercices de défense est d'ailleurs directement en rapport avec la valeur de l'aptitude physique générale.

Il est facile de voir que le choix des épreuves est combiné de façon à donner à la *résistance* et à la *vitesse* la priorité sur la force musculaire pure. Autrement dit, à égalité de force musculaire, le plus résistant et le plus vite de deux sujets soumis aux épreuves doit nécessairement triompher. Ceci est logique et correspond bien à notre définition de l'être fort ; la force réside plus encore dans le cœur et les poumons que dans les muscles.

16. — Échelle de notation des performances
ou échelle d'aptitude.

Dans chaque épreuve les performances sont cotées en points, d'après une échelle établie de la façon suivante (Voir Chapitres III et IV) :

La cote *zéro* caractérise le *niveau inférieur du développement élémentaire* ; autrement dit elle indique la performance minimum que doit pouvoir accomplir tout adulte de constitution normale et d'au moins 18 ans d'âge.

Les cotes 1 et 2 caractérisent les performances de valeur *moyenne*.

Les cotes 3 et 4 caractérisent les performances de valeur *supérieure*.

Les cotes 5, 6, 7, 8, 9, 10 caractérisent les performances de valeur *exceptionnelle ou athlétique*.

Les cotes à partir de 11 jusqu'à 15 et au delà caractérisent les performances maxima atteintes par des sujets d'élite ou des spécialistes, c'est-à-dire les performances qui avoisinent les limites de la puissance humaine.

Enfin les cotes *au-dessous de zéro* ou négatives : — 1, — 2, — 3... caractérisent des performances de valeur *insuffisante ou nulle*.

17. — Signification particulière de la cote zéro.
— Caractéristiques du sujet de
constitution normale.

La cote *zéro* représente le minimum d'effort que doit pouvoir fournir, pour ne pas être une *nullité phy-*

sique, tout sujet de constitution normale ayant au moins 18 ans d'âge.

Un sujet de constitution normale satisfait aux conditions suivantes :

Son organisme ne présente aucune trace d'affection durable telle que : varices, varicocèle, hernie,... ou de lésion grave, principalement du côté du cœur et des poumons.

Il n'est atteint d'aucune maladie chronique, d'aucune difformité, infirmité ou déformation importante des membres ou du tronc.

A 18 ans, il a au moins une taille de 1^m,5o et un poids de 5o kilogrammes.

Il y a lieu de remarquer que certains sujets, tout en ayant l'apparence faible ou malingre, possèdent cependant une constitution normale, quelquefois même vigoureuse. La pauvreté de leur aspect est la conséquence d'un manque complet d'éducation physique ou d'entraînement, d'une alimentation insuffisante ou mauvaise, de conditions hygiéniques défectueuses ou de toutes autres circonstances qui ont empêché ou entravé leur développement.

Dans ce cas, quelques mois de travail raisonné, de bonne hygiène et d'alimentation convenable suffisent à les transformer complètement et à en faire quelquefois de vrais athlètes.

Tout sujet qui a reçu une éducation physique méthodique ou s'est toujours livré aux exercices du corps depuis son jeune âge, exécute immédiatement et sans aucune difficulté les performances correspondant à la cote zéro dans les différentes épreuves.

Les sujets non éduqués ou incomplètement éduqués ont besoin, pour accomplir ces performances, d'un entraînement dont la durée varie suivant la valeur de leurs aptitudes naturelles et également suivant leur âge.

Les sujets d'au moins 18 ans, qui n'ont jamais pratiqué les exercices du corps, ont des aptitudes très différentes qui dépendent de la profession qu'ils exercent et des conditions particulières dans lesquelles ils se trouvent. C'est ainsi, par exemple, que les campagnards, les ouvriers forgerons, les porteurs... possèdent, en général, d'excellentes aptitudes pour le lever mais n'ont par contre aucune aptitude pour la course et le saut. Les jeunes gens des villes, au contraire, sont en général assez souples et assez vifs, mais ils ont peu d'aptitude pour le lever. L'exercice approprié fait disparaître ces différences et tend à égaliser les aptitudes.

En résumé, la cote zéro représente la performance minimum qu'on peut exiger de tout sujet de constitution normale, d'au moins 18 ans et de n'importe quelle *condition sociale*.

18. — Manière d'évaluer numériquement la force. — Établissement de la fiche-type.

Faire subir au sujet dont on veut mesurer la force les douze épreuves classiques de la série-type. Établir en même temps sa *fiche-type*, c'est-à-dire dresser un tableau indicateur des résultats obtenus. Pour cela : Noter ses performances dans chaque épreuve et les coter à leur juste valeur par points et centièmes de

points. Faire ensuite la somme totale des points obtenus dans les douze épreuves.

La valeur de la force est exprimée *numériquement*
par le nombre total des points ainsi obtenus.

Ce nombre total de points est évidemment une
somme algébrique lorsque certaines performances sont
cotées en points négatifs.

Pratiquement l'établissement de la fiche-type a lieu
en deux parties : la première partie comprend les dix
premières épreuves, c'est-à-dire les épreuves autres que
la natation, et la deuxième partie les deux épreuves de
natation.

La première partie donne par suite la valeur de l'aptitude dans les exercices autres que la natation, et la
deuxième partie l'aptitude spéciale aux exercices de
natation.

Le tableau ci-contre contient un modèle de fiche-
type individuelle.

19. — Degrés de force ou niveaux d'aptitude.

La force ou l'aptitude physique générale est dite :

1° *Insuffisante ou nulle*, lorsque le nombre total des
points obtenus dans les douze épreuves de la série-type
n'est pas au moins égal à zéro ;

2° *Inférieure*, lorsque le nombre total des points est
au moins égal à zéro ;

3° *Moyenne*, lorsque le nombre total des points est
au moins égal à 18 ;

4° *Supérieure*, lorsque le nombre total des points
est au moins égal à 36 ;

MESURE DE L'APTITUDE PHYSIQUE
FICHE-TYPE INDIVIDUELLE

Nom : .... Age : ....

ÉPREUVES	DATE :		DATE :	
	PERFOR-MANCES	POINTS	PERFOR-MANCES	POINTS
1. Course de 100 mètres. . .				
2. Course de 500 mètres. . .				
3. Course de 1 500 mètres. .				
4. Saut en hauteur sans élan. .				
5. Saut en hauteur avec élan.				
6. Saut en longueur sans élan.				
7. Saut en longueur avec élan.				
8. Grimper à la corde lisse. .				
9. Lever de poids.				
10. Lancer du poids de 7ᵏ,257.				
Total des points des dix premières épreuves.				
Degré d'aptitude correspondant. . . .				
11. Natation : 100 mètres. . .				
12. Natation : plongée. . .				
Total des points en natation.				
Degré d'aptitude correspondant. . . .				
Total général des points.				
Degré d'aptitude générale.				
Mensura-tions.	Taille.			
	Poids.			
	Périmètre thoracique.			
	Tour d'épaules. . .			
	Tour de cou. . .			
	Tour de bras. . .			
	Tour de taille. . .			
	Tour de cuisse. . .			
	Tour de mollet. . .			
Renseigne-ments divers.	Température de l'air.			
	Température de l'eau.			
	Conditions atmosphé-riques. . . .			

5° *Exceptionnelle ou athlétique,* lorsque le nombre total des points est au moins égal à 6o.

Les aptitudes inférieures, moyennes, supérieures et exceptionnelles sont de plus dites *incomplètes* lorsqu'une ou plusieurs performances ont une valeur inférieure à zéro ; et *complètes* si toutes les performances sont au moins égales à zéro dans chaque épreuve.

Enfin, ces mêmes aptitudes sont *complètes* et *parfaites* lorsque les performances obtenues dans chaque épreuve ont une valeur au moins égale à la cote correspondant au niveau de l'aptitude générale.

Ainsi, par exemple, un sujet ayant obtenu un total de 4o points possède une aptitude supérieure *incomplète* si une de ses performances est inférieure à zéro ; *complète,* si toutes ses performances sont au moins égales à zéro ; enfin *complète et parfaite,* si toutes ses performances sont au moins égales à la cote 3.

Si l'on considère simplement la série des *dix* premières épreuves, c'est-à-dire des épreuves autres que celles de natation, la valeur des degrés d'aptitude est la suivante :

Aptitude *nulle* : au-dessous de zéro.

Aptitude *inférieure* : de zéro à 15 points.

Aptitude *moyenne* : de 15 à 3o points.

Aptitude *supérieure* : de 3o à 5o points.

Aptitude *athlétique* : au-dessus de 5o points.

En ce qui concerne les deux épreuves de natation, la valeur particulière de l'aptitude dans ce genre d'exercice correspond au nombre de points suivants :

Aptitude *nulle* : au-dessous de zéro.

Aptitude *inférieure* : de zéro à 3 points.

Aptitude *moyenne* : de 3 à 6 points.

Aptitude *supérieure* : de 6 à 10 points.

Aptitude *athlétique* : au-dessus de 10 points.

20. — La fiche-type donne la mesure de la force absolue.

Le nombre de points indiqué par la fiche-type donne la mesure de la force ou le degré d'aptitude envisagé au point de vue *absolu,* et non au point de vue relatif. Autrement dit, un sujet qui, d'après le nombre total des points de sa fiche, ne possède par exemple qu'une aptitude moyenne, peut parfaitement avoir atteint la limite extrême de son développement. Il est ainsi très fort *relativement à sa constitution,* mais la valeur absolue de sa force est peu considérable si on la compare à celle d'autres sujets mieux doués que lui naturellement.

D'après ce qui a été dit, la cote zéro représente la limite inférieure du développement élémentaire que doit pouvoir atteindre tout sujet d'au moins 18 ans, de constitution normale, ayant au moins 1^m,50 de taille et pesant un minimum de 50 kilogrammes.

Mais il ne résulte pas de cela qu'un sujet médiocrement doué naturellement, c'est-à-dire ayant 1^m,50 de taille et pesant 50 ^{kg}, doit forcément pouvoir atteindre le niveau supérieur ou une cote élevée d'aptitude en travaillant, même d'une façon intense. Dans chaque épreuve, comme dans l'ensemble de la série-type, chaque sujet peut atteindre une certaine cote, plus ou moins élevée. Cette cote représente le maximum de *puissance* que son organisme peut déployer ; il lui est impossible de la dépasser.

En résumé, pour avoir une aptitude supérieure ou athlétique, il est nécessaire de posséder, par nature, une constitution vigoureuse et des moyens appropriés.

Étant donné que l'ensemble des épreuves a pour but de déterminer la force générale absolue, il se trouve que, d'une façon générale, les sujets les plus avantagés sont, en dehors de la question de résistance organique, ceux ayant $1^m,70$ de taille environ et 65 à 70^{kg} de poids. Ces moyennes de taille et de poids sont, en effet, les plus convenables pour réussir à la fois dans tous les genres d'exercices utilitaires.

21. — Durée d'exécution des douze épreuves de la série-type.

L'exécution des douze épreuves de la série-type doit avoir lieu de la façon suivante :

Les dix premières épreuves sont subies dans le cours d'une même journée. Une durée maximum de *dix heures* est accordée pour leur exécution.

Les deux épreuves de natation sont subies le jour suivant ou un jour quelconque où les circonstances sont favorables. Une durée maximum de *deux heures* est accordée pour leur exécution.

Au total, l'exécution des douze épreuves doit durer un maximum de douze heures.

22. — Ordre d'exécution des douze épreuves de la série-type.

L'exécution successive des épreuves a lieu au gré de

l'exécutant. Il n'y a pas d'ordre absolu. Toutefois, pour obtenir la meilleure répartition dans la dépense de travail, l'ordre indiqué ci-après est un des plus favorables :

1ʳᵉ Série.

DANS LA MATINÉE

1. Saut en hauteur sans élan.
2. Saut en hauteur avec élan.
3. Saut en longueur sans élan.
4. Saut en longueur avec élan.
5. Grimper à la corde lisse.
6. Course de 100 mètres.
7. Course de 500 mètres.

2ᵉ Série.

DANS L'APRÈS-MIDI

8. Lever de poids à deux mains.
9. Lancer du poids.
10. Course de 1500 mètres.

3ᵉ Série.

LE JOUR SUIVANT OU UN JOUR QUELCONQUE

11. Natation : plongée sous l'eau.
12. Natation : parcours de 100 mètres.

23. — Influence de l'âge sur le degré de force ou d'aptitude.

A 18 ans l'organisme commence à se rapprocher des limites de sa croissance ; à 25 ans, cette dernière est complètement terminée.

Mais la fin de la croissance n'est pas également la

fin du perfectionnement physique. Tout sujet qui con-
tinue à s'entraîner voit, en général, ses aptitudes augmenter progressivement jusqu'à l'âge de 3o ans. De 3o
à 4o ans, il atteint l'apogée de sa puissance physique.
De 4o à 5o ans et même au delà il peut conserver à
peu près intact le niveau de développement acquis. Ce
niveau baisse ensuite progressivement.

La valeur de certaines aptitudes varie avec l'âge. Par
exemple, de 18 à 25 ans, la vitesse, la souplesse et l'agilité sont des qualités dominantes qui atteignent géné-
ralement à cette époque de l'existence leur maximum
de valeur ; par contre, l'aptitude au lever des poids,
aux travaux de force ou aux exercices de longue résistance est encore au-dessous de la valeur qu'elle peut
atteindre. A partir de 25 ou 3o ans, les qualités de
vitesse, de souplesse et d'agilité diminuent peu à peu
de valeur, mais la résistance augmente, de même que
l'aptitude au lever et aux travaux de force.

24. — Influence de la température et des conditions atmosphériques sur la valeur des performances.

Les circonstances atmosphériques et plus particulièrement la température exercent une influence directe,
favorable ou défavorable, sur la valeur des performances
accomplies en subissant les épreuves.

Le froid vif aussi bien que la chaleur excessive anni-
hilent toujours une partie de la vigueur et rendent le
travail pénible. Il en est de même du vent violent et
du temps très humide.

Les basses températures provoquent l'engourdisse-
ment de l'organisme et les hautes températures l'amol-
lissement.

Pour que l'organisme puisse produire son maximum
d'effort ou de travail, il est nécessaire que la température soit de 15° en moyenne (10° au minimum et 20
au maximum).

Les températures extrêmes font baisser la valeur des
performances, et vouloir, dans ces conditions, se forcer
pour accomplir les performances maxima atteintes sous
l'influence de températures moyennes présente toujours
un certain danger pour l'organisme.

En ce qui concerne spécialement les épreuves de
natation, les performances sont d'autant meilleures que
la température de l'eau est plus élevée sans toutefois
dépasser 25° à 28°. Pour que l'organisme puisse donner son maximum, cette température ne doit pas être
inférieure à 18°.

Dans l'établissement de la fiche-type, il est intéressant de noter, à titre de renseignement, l'état du
temps et la température le jour où sont subies les
épreuves.

25. — Remarques relatives aux perfor-
mances voisines des limites de la
puissance humaine.

Les performances correspondant aux cotes 11 à 15
et au delà et classées comme avoisinant les limites de
la puissance humaine ne peuvent être accomplies que
par des sujets *extraordinairement bien doués naturelle-*

ment et de plus *spécialisés* de longue date dans le même genre d'exercice.

En ce qui concerne spécialement les performances maxima et les records, il y a lieu de remarquer que certains de ces résultats ont été obtenus par de véritables phénomènes, quelquefois incapables, par contre, d'accomplir une performance *moyenne* dans un genre d'exercice demandant des aptitudes opposées à celles que réclame l'exercice dans lequel ils excellent. C'est ainsi que des leveurs de poids, détenteurs de records, sont absolument nuls comme grimpeurs ou coureurs ; ou bien que des champions sauteurs sont nuls comme grimpeurs ou comme leveurs de poids. D'autre part, les sujets qui accomplissent ces performances extraordinaires opèrent toujours dans des conditions spéciales : ils s'entraînent directement et uniquement en vue de l'épreuve qu'ils ont choisie ; ils n'exécutent *qu'une seule épreuve* dans le cours de la même journée ; s'il s'agit de courses, ils se servent de pistes admirablement installées, et pour augmenter la valeur de leurs foulées, ils emploient des souliers spéciaux à longues pointes, etc.

II. — SUJETS AU-DESSOUS DE 18 ANS

26. — Manière d'évaluer numériquement la force ou l'aptitude physique générale des sujets de 8 à 18 ans.

Le procédé d'évaluation de la force est le même que celui précédemment décrit pour les sujets d'au moins

18 ans, c'est-à-dire qu'il comprend la série-type des douze épreuves classiques, avec cette différence que l'échelle de notation des performances, tout en restant la même, a une signification différente suivant les âges.

27. — Signification de l'échelle de notation des performances pour les sujets de 8 à 18 ans.

Les performances cotées — 1 dans chaque épreuve représentent le minimum qu'un sujet de 16 à 18 ans, de constitution normale, doit pouvoir accomplir pour posséder le développement *élémentaire* correspondant à son âge.

Les performances cotées — 2 représentent le même minimum pour un sujet de 14 à 16 ans.

Les performances cotées — 3 représentent le même minimum pour un sujet de 12 à 14 ans.

Les performances cotées — 4 représentent le même minimum pour un sujet de 10 à 12 ans.

Enfin les performances cotées — 5 représentent le même minimum pour un sujet de 8 à 10 ans.

28. — Sujets au-dessous de 8 ans.

La valeur de l'aptitude physique générale des sujets de moins de 8 ans n'est pas suffisamment élevée pour que son évaluation présente de l'intérêt. Cependant, il est indispensable de pouvoir constater de temps à autre

les aptitudes particulières de l'enfant et de déterminer
ses côtés faibles dans les différents exercices. Les douze
genres d'épreuves de la série-type peuvent être employés
dans ce simple but, en ayant soin toutefois :

D'être extrêmement prudent dans les essais de lever
de poids, qui ne. doivent pas, en général, dépasser
10 kilogrammes ;

De réduire à 2 ou 3ᵏᵍ le poids de l'objet à lancer ;

De faire monter à la corde lisse avec les jambes ;

De réduire les courses à 50, 100 et 500 mètres au
lieu de 100, 500 et 1 500 mètres, si l'on juge la chose
nécessaire.

29. — Degrés de force ou d'aptitude physique générale suivant les âges.

Le tableau ci-contre indique le nombre de points qui
caractérise, dans l'ensemble des douze épreuves, les
divers degrés de force ou d'aptitude suivant les âges.

De 8 à 18 ans les différences de croissance sont par-
fois considérables entre sujets du même âge. C'est pourquoi les degrés de force indiqués s'étendent sur un
intervalle de deux années.

AGES	Nombre de points caractérisant, dans chaque épreuve, la limite inférieure du développement élémentaire	Total des points des douze épreuves de la série-type caractérisant les divers degrés de force ou d'aptitude suivant les âges				
		Aptitude insuffisante ou nulle	Aptitude inférieure	Aptitude moyenne	Aptitude supérieure	Aptitude exceptionnelle ou athlétique
8 à 10 ans.	— 5	au-dessous de — 60	— 60	— 42	— 24	0
10 à 12 ans.	— 4	au-dessous de — 48	— 48	— 30	— 12	+ 12
12 à 14 ans.	— 3	au-dessous de — 36	— 36	— 18	0	+ 24
14 à 16 ans.	— 2	au-dessous de — 24	— 24	— 6	+ 12	+ 36
16 à 18 ans.	— 1	au-dessous de — 12	— 12	+ 6	+ 24	+ 48
à partir de 18 ans.	0	au-dessous de 0	0	+ 18	+ 36	+ 60

CHAPITRE III

LES DOUZE ÉPREUVES CLASSIQUES DE MESURE DE LA FORCE PHYSIQUE

---

30. — Remarques relatives à l'établissement de la cote zéro dans certaines épreuves.

Pour les courses de 100, 500 et 1500 mètres, les cotes zéro ont été établies en supposant le coureur pieds nus ou simplement muni de chaussures à semelles plates, sans *pointes*.

Pour tous les sauts, les cotes zéro ont été établies en supposant également le sauteur non chaussé de souliers à pointes.

Pour le saut en hauteur sans élan, la cote zéro correspond à un saut de face ou à la moyenne d'un saut par côté à droite et d'un saut par côté à gauche.

Pour le saut en longueur sans élan, la cote zéro correspond à un saut exécuté sur un terrain absolument plat et *horizontal,* les orteils arcboutés sur une saillie verticale formée par le rebord de la ligne de départ.

Pour le saut en hauteur avec élan, la cote zéro correspond à la moyenne d'un saut enlevé sur le pied droit et d'un saut enlevé sur le pied gauche de face ou de côté, ou bien à un simple saut de face, enlevé après un appel des deux pieds à la fois.

Pour le saut en longueur avec élan, la cote zéro correspond à la moyenne d'un saut enlevé sur le pied droit et d'un saut enlevé sur le pied gauche.

D'une façon générale les cotes élevées ne peuvent être atteintes dans les épreuves précédentes que par la perfection des pistes de courses, des terrains de sauts, et également par l'emploi de souliers à pointes permettant de meilleures foulées ou une plus grande adhérence au sol. ·

31. — Remarques relatives aux records figurant dans les tables de performances.

Les records indiqués dans les diverses épreuves représentent les records officiels à la date du 1er janvier 1914. Comme il s'agit ici de déterminer les limites de la puissance humaine, il n'a pas été fait de distinction entre les records « amateurs » et les records « professionnels ». Ce sont les meilleurs de ces deux sortes de records qui figurent dans les tables de performances de la série-type aussi bien que de la série complémentaire du chapitre IV (Voir au chapitre III, § II, et au chapitre IV, § III, les observations relatives à certains records).

I. — TABLES DE PERFORMANCES

VALEUR DES PERFORMANCES	COURSE DE 100 MÈTRES		COURSE DE 500 MÈTRES		COURSE DE 1 500 MÈTRES	
	PERFORM.	POINTS	PERFORM.	POINTS	PERFORM.	POINTS
Performances insuffisantes ou nulles.	. . . . . . 21 s. 20 s. 19 s. 18 s. 17 s.	— 5 — 4 — 3 — 2 — 1	. . . . . . 2 m. 30 s. 2 m. 20 s. 2 m. 10 s. 2 m. 00 s. 1 m. 50 s.	— 5 — 4 — 3 — 2 — 1	. . . . . . 9 min. 8 min. 7 m. 30 s. 7 min. 6 m. 30 s.	— 5 — 4 — 3 — 2 — 1
Limite inférieure du développement élémentaire.	**16 s.**	**0**	**1 m. 40 s.**	**0**	**6 min.**	**0**
Performances moyennes.	15 s. 14 s. 5.	1 2	1 m. 36 s. 1 m. 32 s.	1 2	5 m. 50 s. 5 m. 40 s.	1 2
Performances supérieures.	14 s. 13 s. 5.	3 4	1 m. 28 s. 1 m. 26 s.	3 4	5 m. 30 s. 5 m. 20 s.	3 4
Performances exceptionnelles ou athlétiques.	13 s. 12 s. 4/5 12 s. 3/5 12 s. 2/5 12 s. 1/5 12 s.	5 6 7 8 9 10	1 m. 24 s. 1 m. 22 s. 1 m. 20 s. 1 m. 18 s. 1 m. 16 s. 1 m. 14 s.	5 6 7 8 9 10	5 m. 10 s. 5 m. 5 s. 5 min. 4 m. 55 s. 4 m. 50 s. 4 m. 45 s.	5 6 7 8 9 10
Performances voisines des limites de la puissance humaine. — Maximums atteints par des sujets d'élite ou des spécialistes.	11 s. 9/10 11 s. 4/5 11 s. 7/10 11 s. 3/5 11 s. 5/10	11 12 13 14 15	1 m. 13 s. 1 m. 12 s. 5 1 m. 12 s. 1 m. 11 s. 5 1 m. 11 s.	11 12 13 14 15	4 m. 40 s. 4 m. 36 s. 4 m. 32 s. 4 m. 28 s. 4 m. 24 s.	11 12 13 14 15
Records officiels. Records du monde et records français.	**11 s.** Rec. fr. **10 s. 4/5.** Rec. du monde.		**1 m. 6 s. 4/5** Rec. fr. et rec. du monde.		**4 m. 4 s. 4** Rec. fr. **3 m. 55 s. 8** Rec. du monde.	

VALEUR DES PERFORMANCES	SAUT EN HAUTEUR SANS ÉLAN		SAUT EN HAUTEUR AVEC ÉLAN		SAUT EN LONGUEUR SANS ÉLAN	
	PERFORM.	POINTS	PERFORM.	POINTS	PERFORM.	POINTS
Performances insuffisantes ou nulles.	o m. 45 o m. 5o o m. 55 o m. 6o o m. 70	— 5 — 4 — 3 — 2 — 1	o m. 5o o m. 6o o m. 70 o m. 8o o m. 90	— 5 — 4 — 3 — 2 — 1	1 m. 20 1 m. 4o 1 m. 6o 1 m. 8o 2 m. 00	— 5 — 4 — 3 — 2 — 1
Limite inférieure du développement élémentaire.	**0 m. 80**	**0**	**1 m.**	**0**	**2 m. 20**	**0**
Performances moyennes.	o m. 90 o m. 95	1 2	1 m. 10 1 m. 15	1 2	2 m. 3o 2 m. 4o	1 2
Performances supérieures.	1 m. 00 1 m. 05	3 4	1 m. 20 1 m. 25	3 4	2 m. 5o 2 m. 55	3 4
Performances exceptionnelles ou athlétiques.	1 m. 10 1 m. 14 1 m. 18 1 m. 22 1 m. 26 1 m. 3o	5 6 7 8 9 10	1 m. 3o 1 m. 34 1 m. 38 1 m. 42 1 m. 46 1 m. 5o	5 6 7 8 9 10	2 m. 6o 2 m. 65 2 m. 70 2 m. 75 2 m. 8o 2 m. 85	5 6 7 8 9 10
Performances voisines des limites de la puissance humaine. — Maximums atteints par des sujets d'élite ou des spécialistes.	1 m. 32 1 m. 34 1 m. 36 1 m. 38 1 m. 4o	11 12 13 14 15	1 m. 52 1 m. 54 1 m. 56 1 m. 58 1 m. 6o	11 12 13 14 15	2 m. 90 2 m. 94 2 m. 98 3 m. 02 3 m. 06	11 12 13 14 15
Records officiels. Records du monde et records français.	1 m. **52** Rec. fr. 1 m. **828** Rec. du monde.		1 m. **885** Rec. fr. 2 m. **038** Rec. du monde.		3 m. **34** Rec. fr. 3 m. **822** Rec. du monde.	

VALEUR DES PERFORMANCES	SAUT EN LONGUEUR AVEC ÉLAN		GRIMPER A LA CORDE LISSE		LEVER DE POIDS A DEUX MAINS	
	PERFORM.	POINTS	PERFORM.	POINTS	PERFORM.	POINTS
Performances insuffisantes ou nulles.	2 m. 00	— 5	2 m. 50	— 5	10 kg.	— 5
	2 m. 50	— 4	3 m. 00	— 4	15 kg.	— 4
	2 m. 75	— 3	3 m. 50	— 3	20 kg.	— 3
	3 m. 00	— 2	4 m. 00	— 2	25 kg.	— 2
	3 m. 25	— 1	4 m. 50	— 1	30 kg.	— 1
Limite inférieure du développement élémentaire.	**3 m. 50**	**0**	**5 m.**	**0**	**40 kg.**	**0**
Performances moyennes.	4 m. 00	1	6 m.	1	50 kg.	1
	4 m. 20	2	7 m.	2	55 kg.	2
Performances supérieures.	4 m. 40	3	8 m.	3	60 kg.	3
	4 m. 60	4	9 m.	4	65 kg.	4
Performances exceptionnelles ou athlétiques.	4 m. 80	5	10 m. (30 s. ou plus)	5	70 kg.	5
	5 m. 00	6	10 m. (26 s.)	6	74 kg.	6
	5 m. 20	7	10 m. (24 s.)	7	78 kg.	7
	5 m. 40	8	10 m. (22 s.)	8	82 kg.	8
	5 m. 60	9	10 m. (20 s.)	9	86 kg.	9
	5 m. 80	10	10 m. (18 s.)	10	90 kg.	10
Performances voisines des limites de la puissance humaine.	6 m. 00	11	10 m. (17 s.)	11	94 kg.	11
	6 m. 10	12	10 m. (16 s.)	12	98 kg.	12
	6 m. 20	13	10 m. (15 s.)	13	102 kg.	13
Maximums atteints par des sujets d'élite ou des spécialistes.	6 m. 30	14	10 m. (14 s.)	14	106 kg.	14
	6 m. 40	15	10 m. (13 s.)	15	110 kg.	15
Records officiels. Records du monde et records français.	7 m. 06. Rec. fr. 7 m. 614 Rec. du monde.		11 s. 2/5 (Rec. non homologué.)		142 k. 5. Rec. fr. 151 kg. Rec. du monde.	

VALEUR DES PERFORMANCES	LANCER DU POIDS DE 7 KG. 257		NATATION PARCOURS DE 100 MÈTRES		NATATION PLONGÉE SOUS L'EAU	
	PERFORM.	POINTS	PERFORM.	POINTS	PERFORM.	POINTS
Performances insuffisantes ou nulles.	2 m. 00	— 5	5 m. 00 s.	— 5	5 sec.	— 5
	2 m. 50	— 4	4 m. 30 s.	— 4	6 —	— 4
	3 m. 00	— 3	4 m. 00 s.	— 3	7 —	— 3
	4 m. 00	— 2	3 m. 40 s.	— 2	8 —	— 2
	5 m. 00	— 1	3 m. 20 s.	— 1	9 —	— 1
Limite inférieure du développement élémentaire.	**5 m. 50**	**0**	**3 min.**	**0**	**10 sec.**	**0**
Performances moyennes.	6 m. 00	1	2 m. 50 s.	1	15 sec.	1
	6 m. 40	2	2 m. 40 s.	2	20 —	2
Performances supérieures.	6 m. 80	3	2 m. 30 s.	3	30 sec.	3
	7 m. 20	4	2 m. 20 s.	4	40 —	4
Performances exceptionnelles ou atlhétiques.	7 m. 60	5	2 m. 10 s.	5	50 sec.	5
	8 m. 00	6	2 m. 05 s.	6	1 m. 00 s.	6
	8 m. 40	7	2 m. 00 s.	7	1 m. 10 s.	7
	8 m. 80	8	1 m. 55 s.	8	1 m. 20 s.	8
	9 m. 20	9	1 m. 50 s.	9	1 m. 30 s.	9
	9 m. 60	10	1 m. 45 s.	10	1 m. 40 s.	10
Performances voisines des limites de la puissance humaine. — Maximums atteints par des sujets d'élite ou des spécialistes.	10 m. 00	11	1 m. 40 s.	11	1 m. 44 s.	11
	10 m. 25	12	1 m. 36 s.	12	1 m. 48 s.	12
	10 m. 50	13	1 m. 32 s.	13	1 m. 52 s.	13
	10 m. 75	14	1 m. 28 s.	14	1 m. 56 s.	14
	11 m. 00	15	1 m. 24 s.	15	2 m. 00 s.	15
Records officiels. Records du monde et records français.	13m.145. Rec. fr. 16 m. 915 Rec. du monde.		1 m.13s.1/5 R. fr. 110 yards (100 m. 58) 1 m. 3 s. 1/5 Rec. du monde.		4 m. 31 s. Rec. fr. 4 m. 46 s. 1/5 Rec. du monde.	

II. — RÈGLES RELATIVES A L'EXÉCUTION
DES PERFORMANCES

32. — Degré d'approximation de la valeur
des performances.

La détermination de la valeur des performances dans chaque épreuve doit être faite avec le plus grand soin et la plus grande précision possible, conformément aux règles indiquées ci-après. Il est nécessaire de pousser les approximations, suivant les cas, jusqu'au cinquième de seconde pour les mesures de temps, jusqu'au centimètre ou au millimètre pour les mesures de longueur ou de hauteur, et jusqu'à la livre ou la demi-livre pour les mesures de poids.

Toute condition défectueuse d'exécution provenant soit du terrain, soit du matériel, soit de toute autre cause, aussi bien que toute dérogation aux règles indiquées a pour conséquence de fausser les résultats d'une manière favorable ou défavorable, suivant le cas, aux sujets qui subissent les épreuves.

Nota. — La notation terminale des épreuves, au delà de 15 points, est indiquée à l'Appendice I.

33. — Courses.

Les courses ont lieu sur terrain plat.

La course de 100 mètres s'effectue en *ligne droite*. Les courses de 500 et de 1 500 mètres peuvent être exécutées sur des pistes avec virages, à condition que les courbes de ces virages n'obligent pas le coureur à ralentir sa vitesse.

Le départ est donné au son (coup de pistolet) ou à la vision (abaissement brusque d'un signal quelconque). La position du corps avant le signal du départ est libre, à condition qu'aucune partie du corps ne touche le sol en avant de la ligne de départ.

La longueur des pistes à virages est mesurée à 30^{cm} de la « corde » dans les lignes droites, et en suivant le plus court chemin dans les courbes.

34. — Sauts en hauteur.

La distance qui sépare les poteaux de sautoir doit être de 3 mètres environ. La hauteur à franchir est indiquée au moyen d'une barre de bois rigide de 3^{cm} environ d'épaisseur et parfaitement droite. Cette barre est simplement posée sur des taquets ayant 5^{cm} de longueur au plus, de façon à pouvoir tomber facilement à la moindre touche de la part du sauteur.

A défaut de barre, employer une corde, mais avoir soin de la tendre le plus fortement possible pour éviter toute courbure entre les points de suspension.

Le terrain de départ ou d'élan doit être parfaitement *horizontal* et *dur*. Le terrain de chute peut être mou.

Une hauteur quelconque n'est considérée comme franchie que si *aucune partie du corps n'a touché* la corde ou la barre qui l'indique. La hauteur franchie est mesurée du sol, au niveau du terrain de départ, à la partie supérieure de la barre ou de la corde.

Le sauteur doit retomber au sol *sur les pieds*. En

cas de perte d'équilibre, il est nécessaire que ses pieds touchent terre *avant* toute autre partie du corps pour que le saut puisse être considéré comme valable.

Le franchissement de la corde ou de la barre a lieu à volonté, soit par un saut *de face,* soit par un saut *de côté.*

Au départ du saut en hauteur sans élan, les pieds sont joints ou écartés ; mais, au moment de s'enlever, il est interdit de les déplacer, de faire un sursaut, de prendre un appel ou de piétiner. De plus, ils doivent quitter le sol en même temps et non l'un après l'autre.

Dans le saut sans élan *de face,* il ne doit y avoir aucune torsion du corps à droite ou à gauche au moment du franchissement. La ligne des épaules et la ligne des hanches doivent constamment rester parallèles à la ligne à franchir.

Dans le saut avec élan *de face,* la course d'élan doit avoir lieu sur une ligne perpendiculaire à la ligne à franchir.

Dans les sauts *avec élan* l'appel peut se faire à volonté sur un pied ou sur les deux pieds à la fois.

Pour établir le chiffre définitif de la performance des sauts sans élan *par côté,* prendre la moyenne du meilleur saut à droite et du meilleur saut à gauche.

Dans le cas d'un saut sans élan *de face,* la performance est cotée directement.

Pour établir le chiffre définitif de la performance des sauts avec élan, *de face* ou *par côté,* avec départ sur un *seul* pied, prendre la moyenne du meilleur saut enlevé sur le pied droit et du meilleur saut enlevé sur le pied gauche.

Dans le cas d'un saut avec élan *de face*, enlevé sur les *deux* pieds à la fois, la performance est cotée directement. Dans le cas d'un saut avec élan *par côté*, enlevé sur les deux pieds à la fois, prendre la moyenne du meilleur saut exécuté à droite et du meilleur saut exécuté à gauche.

Les records indiqués aux tables de performances représentent un saut par côté, d'un seul côté, pour le saut sans élan, et un saut enlevé sur un seul des deux pieds pour le saut avec élan.

35. — Sauts en longueur.

Le terrain d'élan et le terrain de saut ou de chute doivent être exactement *au même niveau* et *horizontaux ;* la moindre déclivité du sol fausse grandement les résultats. A l'endroit de la chute, le sol peut être mou, mais à la condition d'être toujours *aplani*. Pour les sauts avec élan, le terrain d'élan doit avoir une longueur d'au moins 20 mètres.

La distance considérée comme franchie est mesurée d'une ligne de départ, fixée d'avance, au talon le plus rapproché de cette ligne, ou à la marque faite sur le sol par ce talon en cas de glissement.

Dans le saut sans élan, le sauteur est autorisé à arc-bouter ses orteils sur la saillie verticale du rebord constituant la ligne de départ, pour éviter de glisser.

Le saut n'est pas valable : 1° Si le sauteur tombe, sursaute ou touche le sol d'une manière quelconque en arrière de la première empreinte de ses talons au moment de la chute ; 2° Si son pied dépasse la ligne de

départ au moment où il s'enlève pour le saut avec élan ;
3° Si ses pieds, en dehors de ses orteils seulement,
débordent la ligne de départ au moment de l'enlevée du
saut sans élan.

Pour établir le chiffre définitif de la performance
dans le saut en longueur *avec élan,* prendre la moyenne
du meilleur saut enlevé sur le pied droit et du meilleur
saut enlevé sur le pied gauche.

Les records indiqués aux tables de performances pour
le saut en longueur avec élan représentent un saut enlevé sur un seul des deux pieds.

36. — Grimper.

1re Manière. — *Grimper en vitesse à une corde de
10 mètres.*

L'épreuve s'exécute sur une corde lisse de 10 m. de
hauteur, étalonnée de 5o^{cm} en 5o^{cm} au moyen de petits
morceaux d'étoffe.

Le départ a lieu *debout,* à un signal donné, les mains
placées toutes deux au-dessous de la marque d'étalonnage située à 2^m au-dessus du sol.

La montée s'effectue *sans l'aide des jambes,* qui doivent rester écartées, mais peuvent être conservées soit
fléchies, soit allongées. La corde reste placée entre les
cuisses. La descente s'effectue à volonté avec ou sans
l'aide des jambes.

Le grimper n'est plus valable dès que le grimpeur
serre la corde avec ses membres inférieurs.

Une hauteur étalonnée n'est considérée comme
atteinte que si une des deux mains couvre la marque

d'étalonnage ou est placée juste au-dessus. Lorsque le grimpeur s'arrête, ayant les deux mains placées entre deux marques d'étalonnage, la hauteur atteinte est cotée suivant le cas X^m,25 ou X^m,75.

La *durée* de montée des 10 mètres est calculée depuis le signal du départ jusqu'au moment où le grimpeur parvient à toucher la marque indiquant 10^m avec l'une quelconque de ses mains.

La performance cotée 5 points correspond à la montée des dix mètres sans limite de temps. La durée indiquée pour cette performance (30 secondes) a simplement pour but de permettre l'établissement de la partie proportionnelle entre les cotes 5 et 6.

2ᵉ Manière. — Grimper le plus haut possible.

(Voir chapitre IV, la Table de performances et les règles d'exécution de cette épreuve.)

Cette dernière épreuve est en général moins pratique que l'épreuve précédente, à cause de la difficulté d'installation d'une corde de très grande hauteur, 15 mètres au minimum.

37. — Lever.

1ʳᵉ Manière. — Lever du poids le plus lourd.

L'épreuve consiste à soulever des deux mains au dessus de la tête, les bras tendus verticalement, le poids le plus lourd possible, en s'aidant à volonté de la détente des jambes.

L'objet à soulever est une barre ordinaire, une barre à sphères ou à rondelles de chargement.

Le lever s'exécute par un jeté, c'est-à-dire par le procédé permettant de réussir la meilleure performance.

Toutefois, un lever exécuté par développé ou par arraché est également valable, le but de l'épreuve étant de
constater quel est le meilleur poids soulevé et non pas
de vérifier le procédé d'exécution.

Pour jeter la barre :

La placer à terre à l'aplomb des mains, les pieds
légèrement écartés latéralement ;

La saisir avec les deux mains et l'enlever directement
de terre à l'épaulement ;

Marquer un temps d'arrêt dans cette position ;

La jeter ensuite au bout des bras tendus verticalement en s'aidant des jambes le plus possible, soit en
fléchissant, soit en se fendant d'avant en arrière.

Le jeté n'est pas valable si les deux bras ne sont pas
allongés complètement et si un temps d'arrêt franc n'est
pas marqué les bras tendus.

2ᵉ *Manière.* — *Lever de la gueuse de 40ᵏᵍ.*

Dans le cas où l'on ne possède pas le matériel nécessaire, c'est-à-dire une série suffisante de barres de différents poids pour déterminer quel est le poids le plus
lourd soulevé, remplacer l'épreuve du lever « en jeté »
par le *lever de la « gueuse »* ou pierre de 40ᵏᵍ (Voir
chapitre IV la table de performances et les règles
d'exécution de ce genre de lever).

Cette dernière épreuve, qui consiste à lever un poids
déterminé le plus de fois possible à la suite, dans un
temps donné, est à préférer chaque fois qu'il s'agit de
jeunes gens, plus particulièrement dans les établisse-
ments scolaires et militaires. Non seulement elle n'exige
pour son exécution ou pour l'entraînement préalable
qu'un matériel restreint, mais elle évite de plus l'incon-

vénient d'un travail exagéré des poids lourds chez des sujets n'ayant pas encore atteint le terme de leur croissance.

Toutefois il y a lieu de remarquer que les résultats des deux épreuves ne sont pas absolument comparables, car ils ne donnent pas la mesure du même élément de force. L'épreuve du lever de la gueuse donne surtout la mesure de la résistance du cœur et des muscles, tandis que l'épreuve, en jeté, du poids le plus lourd donne la mesure de la force musculaire proprement dite.

La notation terminale (au delà de 15 points) de l'épreuve du lever de la gueuse ne figurant pas à l'Appendice I, doit être la suivante, au cas où cette épreuve remplace celle du lever du poids le plus lourd.

16 points	41 fois	21 points	46 fois
17 —	42 —	22 —	47 —
18 —	43 —	23 —	48 —
19 —	44 —	24 —	49 —
20 —	45 —	25 —	50 —

38. — Lancer du poids de 7^{kg},257.

Le lancer s'exécute par un jet de l'épaule avec un seul bras, du bras droit aussi bien que du bras gauche. L'élan se prend dans un carré de 2^m de côté ou un cercle de 1^m de rayon. Il est interdit de sortir du carré ou du cercle. En cas de perte d'équilibre, le lancer n'est valable que si le lanceur n'a touché le sol en dehors du carré ou du cercle qu'*après* la chute du poids.

Le poids doit tomber dans une bande de terrain de 2^m de largeur, limitée par le prolongement de deux lignes opposées du carré, ou par deux lignes tangentes au cercle de lancement.

Lorsque l'élan est pris dans un carré, la distance de lancement est mesurée à partir de la ligne avant du carré ou de cette ligne prolongée au centre de l'empreinte faite par la chute du poids. Lorsque l'élan est pris dans un cercle, cette distance est mesurée du centre du cercle au centre de l'empreinte faite par la chute du poids ; mais on retranche de cette distance le rayon du cercle, soit 1 mètre.

Pour établir le chiffre définitif de la performance, prendre la moyenne du meilleur lancer à droite et du meilleur lancer à gauche.

Les records indiqués au tableau des performances représentent le meilleur lancer d'un seul bras, et non la moyenne du lancer des deux bras.

39. — Natation.

1º Parcours de 100 mètres.

Le parcours de 100 mètres doit avoir lieu sans courant appréciable. La manière de nager est libre. Le départ est donné au son (coup de pistolet, coup de sifflet...) ou à la vision (manœuvre brusque d'un signal quelconque).

Le nageur est hors de l'eau au moment du départ, à 1 mètre au moins au-dessus de la surface; il pénètre dans l'eau par un plongeon sans élan par la tête ou par les pieds.

2º Plongée sous l'eau.

Le corps doit être entièrement immergé. Dès qu'une partie quelconque du corps apparaît à la surface, la plongée n'est plus valable.

Le départ s'effectue par un *plongeon par la tête* d'une hauteur d'un mètre au moins.

La durée de plongée est comptée à partir du moment où le corps disparaît jusqu'au moment où émerge une de ses parties.

Le plongeur doit nager sous l'eau, suivant une direction donnée ou dans un espace déterminé. Il peut rester en équilibre entre deux eaux, mais il lui est *interdit de se cramponner* d'aucune manière. L'épreuve exécutée dans ces conditions est la reproduction de l'exercice classique de sauvetage qui consiste à plonger pour rechercher une personne ou un objet tombé à l'eau.

Étant donné le danger que peut présenter cette épreuve, diverses précautions sont à prendre. Tout d'abord ne pas exécuter l'épreuve dans un endroit ayant plus de 3 mètres de profondeur et ne pas chercher à dépasser $2^{min}30^{sec}$ comme durée de plongée.

Le plongeur doit être attaché avec une sangle et relié à la rive par une corde de longueur suffisante tenue à la main par un surveillant. Toutes les 30 secondes, ou plus souvent si cela est convenu d'avance, le surveillant donne un petit coup sec sur la corde pour avertir le plongeur du temps écoulé. Ce dernier doit saisir la corde et répondre également par un petit coup sec, sous peine d'être remonté d'office à la surface.

Les records indiqués au tableau des performances ($4^{min}46^{sec}$ et $4^{min}31^{sec}$) ont été établis en piscine d'eau chaude, sans plonger par la tête au départ et en restant *constamment cramponné*; c'est-à-dire dans des conditions totalement différentes de celles de l'épreuve ci-dessus.

III. — EXEMPLES DE FICHES-TYPES

ÉPREUVES	NOM : X.... AGE : 10 ans 1/2		NOM : Y.... AGE : 13 ans		NOM : Z.... AGE : 15 ans	
	PERFORMANCES	POINTS	PERFORMANCES	POINTS	PERFORMANCES	POINTS
Course de 100 mètres. . .	20 s. 5	—4,50	17 s.	—1,00	16 s.	0,00
Course de 500 mètres. . .	2 m. 14 s.	—3,40	2 m. 3 s.	—2,30	1 m. 39 s.	+0,25
Course de 1500 mètres. .	7 m. 45 s.	—3,50	7 m. 12 s.	—2,40	6 m. 12 s.	—0,40
Saut en hauteur sans élan. .	0 m. 50	—4,00	0 m. 62	—1,80	0 m. 75	—0,50
Saut en hauteur avec élan. .	0 m. 75	—2,50	0 m. 80	—2,00	1 m. 05	+0,50
Saut en longueur sans élan.	1 m. 25	—4,75	2 m. 10	—0,50	2 m. 20	0,00
Saut en longueur avec élan.	2 m. 50	—4,00	3 m. 00	—2,00	3 m. 60	+0,20
Grimper à la corde lisse. .	2 m.	—6,00	4 m. 50	—1,00	7 m.	+2,00
Lever de poids à deux mains.	12 kg.	—4,60	15 kg.	—4,00	30 kg.	—1,00
Lancer du poids de 7 kg. 257.	2 m.	—5,00	2 m. 75	—3,50	3 m. 75	—2,25
Natation : parcours de 100 m.	4 m. 45 s.	—4,50	5 m. 30 s.	—5,50	2 m. 55 s.	+0,50
Natation : plongée sous l'eau.	11 s.	+0,20	4 s.	—6,00	22 s.	+2,20
Total général des points. .	**—46,55**		**—32,00**		**+1,50**	
Degré d'aptitude générale. .	Aptitude inférieure		Aptitude inférieure		Aptitude moyenne	
Mensurations et renseignements divers.	. . . . .		. . . . .		. . . . .	

ÉPREUVES	NOM : R.... AGE : 19 ans		NOM : W.... AGE : 20 ans		NOM : S.... AGE : 26 ans	
	PERFORMANCES	POINTS	PERFORMANCES	POINTS	PERFORMANCES	POINTS
Course de 100 mètres . . .	15 s. 5	+ 0,50	13 s. 5	+ 4,00	12 s. 3/5	7,00
Course de 500 mètres . . .	1 m. 42 s.	— 0,20	1 m. 30 s.	+ 2,50	1 m. 23 s.	5,50
Course de 1500 mètres . .	6 m. 15 s.	— 0,50	5 m. 32 s.	+ 2,80	5 m. 03 s.	6,40
Saut en hauteur sans élan. .	0 m. 85	+ 0,50	1 m. 02	+ 3,40	1 m. 21	7,75
Saut en hauteur avec élan. .	1 m. 10	+ 1,00	1 m. 25	+ 4,00	1 m. 36	6,50
Saut en longueur sans élan. .	2 m. 25	+ 0,50	2 m. 525	+ 3,50	2 m. 65	6,00
Saut en longueur avec élan. .	3 m. 44	— 0,24	4 m. 21	+ 2,05	5 m. 25	7,25
Grimper à la corde lisse. .	3 m.	— 4,00	8 m. 25	+ 3,25	10 m. (28 s.)	5,50
Lever de poids à deux mains. .	35 kg.	— 0,50	40 kg (5 fois)	+ 2,00	90 kg.	10,00
Lancer du poids de 7 kg, 257. .	5 m. 62	+ 0,24	6 m. 60	+ 2,50	8 m. 20	6,50
Natation : parcours de 100 m..	4 min.	— 3,00	1 m. 55 s.	+ 8,00	2 m. 08 s.	5,40
Natation : plongée sous l'eau. .	8 sec.	— 2,00	40 sec.	+ 4,00	51 s.	5,10
Total général des points. .	**— 7,70**		**+ 42,00**		**+ 78,80**	
Degré d'aptitude générale. .	**Aptitude insuffisante Nullité physique**		**Aptitude supérieure**		**Aptitude athlétique Athlète complet et parfait**	
Mensurations et renseignements divers.	. . . . .		. . . . .		. . . . .	

CHAPITRE IV

LES ÉPREUVES COMPLÉMENTAIRES

I. — CONSIDÉRATIONS GÉNÉRALES

40. — But des épreuves complémentaires.

Les épreuves complémentaires ont pour but :

1° De donner, comme leur nom l'indique, des indications supplémentaires sur la force d'un sujet en venant s'ajouter aux douze épreuves classiques de la série-type ;

2° De juger les aptitudes particulières d'un sujet dans un genre d'exercice déterminé. La mesure de l'aptitude dans un genre d'exercice est, en effet, d'autant plus précise et plus complète que le nombre des épreuves de la même espèce est plus considérable ;

3° Enfin de déterminer des niveaux d'aptitude et de renseigner sur la valeur respective des performances dans un certain nombre d'exercices ou de sports de pratique courante qui ne figurent pas dans la série-type.

41. — Liste des épreuves composant la série complémentaire.

La série complémentaire comprend :

1° *Six épreuves de marche :*
Une marche d'une heure.
        —   de 10 kilomètres.
        —   20   —
        —   30   —
        —   40   —
        —   50   —

2° *Huit épreuves de course :*
Une course de 400 mètres.
        —   800   —
        —   1 000   —
        —   3 kilomètres
        —   5   —
        —   10   —
        — d'une demi-heure
        — d'une heure.

3° *Trois épreuves de grimper :*
Grimper à la corde lisse le plus haut possible.
Tractions complètes à une barre.
Résistance en suspension par les mains.

4° *Sept épreuves de lever :*
Développé à deux mains.
Arraché à deux mains.
Développé d'une main.
Arraché d'une main.
Jeté d'une main.

Lever de la gueuse.
Chargement d'un sac sur l'épaule.

5° *Une épreuve de lancer :*

Lancer d'adresse : 24 balles de tennis sur cible de 1 mq.
à 20 mètres de distance.

6° *Quatre épreuves de natation :*

Parcours de   5o mètres
   —   5oo   —
   —   1 000   —
Plonger par la tête (hauteur de chute).

7° *Quatre épreuves sportives spéciales pour adultes :*
110 mètres haies.
Lancer du disque.
Lancer du javelot.
Saut à la perche.

42. — Échelle d'aptitude des épreuves complémentaires.

Tout ce qui a été dit relativement à l'échelle de notation des performances des douze épreuves classiques
de la série-type s'applique intégralement aux épreuves
de la série complémentaire. Les cotes et les niveaux
d'aptitude ont exactement la même signification (Voir
n° 16, Ch. II).

43. — Exécution des épreuves complémentaires.

D'après ce qui vient d'être dit, les épreuves complémentaires sont surtout destinées à donner la mesure du

degré d'aptitude dans un genre d'exercice particulier.
Elles ne sont pas faites pour déterminer, par leur ensemble, comme cela a lieu avec la série-type, une
évaluation chiffrée de la force *générale*. Par suite, leur
exécution totale n'est pas soumise à une durée limitée ; certaines d'entre elles, du reste, sont suffisamment importantes pour constituer le travail ou l'effort
d'une journée ou d'une demi-journée.

Chacun a évidemment intérêt à les tenter toutes
successivement, au fur et à mesure des occasions, afin
d'avoir une idée de plus en plus précise sur la valeur
de sa force.

II. — TABLES DE PERFORMANCES DES ÉPREUVES COMPLÉMENTAIRES

VALEUR DES PERFORMANCES	MARCHE D'UNE HEURE		MARCHE DE 10 KILOMÈTRES		MARCHE DE 20 KILOMÈTRES	
	PERFORM.	POINTS	PERFORM.	POINTS	PERFORM.	POINTS
Performances insuffisantes ou nulles.	5 km. 000	— 5	2 h. 40 m.	— 5	6 h.	— 5
	5 km. 500	— 4	2 h. 20 m.	— 4	5 h. 30 m.	— 4
	6 km. 000	— 3	2 h. 10 m.	— 3	5 h.	— 3
	6 km. 500	— 2	2 h.	— 2	4 h. 40 m.	— 2
	6 km. 750	— 1	1 h. 50 m.	— 1	4 h. 20 m.	— 1
Limite inférieure du développement élémentaire.	**7 km.**	**0**	**1 h. 40 m.**	**0**	**4 h.**	**0**
Performances moyennes.	7 km. 500	1	1 h. 35 m.	1	3 h. 40 m.	1
	7 km. 750	2	1 h. 30 m.	2	3 h. 20 m.	2
Performances supérieures.	8 km. 000	3	1 h. 25 m.	3	3 h. 00 m.	3
	8 km. 250	4	1 h. 20 m.	4	2 h. 50 m.	4
Performances exceptionnelles ou athlétiques.	8 km. 500	5	1 h. 16 m.	5	2 h. 45 m.	5
	8 km. 750	6	1 h. 12 m.	6	2 h. 40 m.	6
	9 km. 000	7	1 h. 08 m.	7	2 h. 35 m.	7
	9 km. 250	8	1 h. 06 m.	8	2 h. 30 m.	8
	9 km. 500	9	1 h. 04 m.	9	2 h. 25 m.	9
	9 km. 750	10	1 h. 02 m.	10	2 h. 20 m.	10
Performances voisines des limites de la puissance humaine.	10 km. 000	11	1 h. 00 m.	11	2 h. 16 m.	11
	10 km. 250	12	0 h. 58 m.	12	2 h. 12 m.	12
	10 km. 500	13	0 h. 56 m.	13	2 h. 08 m.	13
—	10 km. 750	14	0 h. 54 m.	14	2 h. 04 m.	14
Maximums atteints par des sujets d'élite ou des spécialistes.	11 km. 000	15	0 h. 52 m.	15	2 h. 00 m.	15
Records officiels : Records du monde et records français.	12 km. 495 Rec. fr. 13 km. 275 Rec. du monde.		48 m. 10 s. Rec. fr.		1 h. 55 m. 20 s. Rec. fr.	

VALEUR DES PERFORMANCES	MARCHE DE 30 KILOMÈTRES		MARCHE DE 40 KILOMÈTRES		MARCHE DE 50 KILOMÈTRES	
	PERFORM.	POINTS	PERFORM.	POINTS	PERFORM.	POINTS
	. . . .		. . . .		. . . .	
Performances insuffisantes ou nulles.	9 h. 00 m.	— 5	14 h. 00 m.	— 5	18 h. 00 m.	— 5
	8 h. 30 m.	— 4	13 h. 00 m.	— 4	16 h. 00 m.	— 4
	8 h. 00 m.	— 3	12 h. 00 m.	— 3	15 h. 00 m.	— 3
	7 h. 30 m.	— 2	11 h. 00 m.	— 2	14 h. 00 m.	— 2
	7 h. 00 m.	— 1	10 h. 00 m.	— 1	13 h. 00 m.	— 1
Limite inférieure du développement élémentaire.	6 h. 30 m.	**0**	9 heures	**0**	12 heures	**0**
Performances moyennes.	6 h. 00 m.	1	8 h. 00 m.	1	11 h. 00 m.	1
	5 h. 30 m.	2	7 h. 30 m.	2	10 h. 00 m.	2
Performances supérieures.	5 h. 00 m.	3	7 h. 00 m.	3	9 h. 00 m.	3
	4 h. 40 m.	4	6 h. 40 m.	4	8 h. 30 m.	4
Performances exceptionnelles ou athlétiques.	4 h. 20 m.	5	6 h. 20 m.	5	8 h. 00 m.	5
	4 h. 15 m.	6	6 h. 00 m.	6	7 h. 45 m.	6
	4 h. 10 m.	7	5 h. 50 m.	7	7 h. 30 m.	7
	4 h. 05 m.	8	5 h. 40 m.	8	7 h. 15 m.	8
	4 h. 00 m.	9	5 h. 30 m.	9	7 h. 00 m.	9
	3 h. 55 m.	10	5 h. 20 m.	10	6 h. 50 m.	10
Performances voisines des limites de la puissance humaine. — Maximums atteints par des sujets d'élite ou des spécialistes.	3 h. 50 m.	11	5 h. 15 m.	11	6 h. 40 m.	11
	3 h. 45 m.	12	5 h. 10 m.	12	6 h. 30 m.	12
	3 h. 40 m.	13	5 h. 05 m.	13	6 h. 20 m.	13
	3 h. 35 m.	14	5 h. 00 m.	14	6 h. 10 m.	14
	3 h. 30 m.	15	4 h. 55 m.	15	6 h. 00 m.	15
	. . . .		. . . .		. . . .	
Records officiels : Records du monde et records français.	3 h. 34 m. 45 s. Rec. fr. 20 milles (32 k. 186) en 2 h. 39 m. 57 s. Rec. du monde.		25 milles (40 k. 233) en 3 h. 35 m. 14 s. Rec. du monde.		6 h. 33 m. 13 s. Rec. fr. 53 k. 162 en 5 h. Rec. du monde.	

VALEUR DES PERFORMANCES	COURSE DE 400 MÈTRES		COURSE DE 800 MÈTRES		COURSE DE 1 000 MÈTRES	
	PERFORM.	POINTS	PERFORM.	POINTS	PERFORM.	POINTS
Performances insuffisantes ou nulles.	1 m. 5o s.	— 5	4 m. 3o s.	— 5	6 m. oo s.	— 5
	1 m. 4o s.	— 4	4 m. oo s.	— 4	5 m. oo s.	— 4
	1 m. 35 s.	— 3	3 m. 4o s.	— 3	4 m. 3o s.	— 3
	1 m. 3o s.	— 2	3 m. 2o s.	— 2	4 m. oo s.	— 2
	1 m. 25 s.	— 1	3 m. oo s.	— 1	3 m. 4o s.	— 1
Limite inférieure du développement élémentaire.	**1 m. 20 s.**	**0**	**2 m. 50 s.**	**0**	**3 m. 30 s.**	**0**
Performances moyennes.	1 m. 16 s.	1	2 m. 4o s.	1	3 m. 2o s.	1
	1 m. 12 s.	2	2 m. 35 s.	2	3 m. 15 s.	2
Performances supérieures.	1 m. o8 s.	3	2 m. 3o s.	3	3 m. 1o s.	3
	1 m. o6 s.	4	2 m. 25 s.	4	3 m. o5 s.	4
Performances exceptionnelles ou athlétiques.	1 m. o4 s.	5	2 m. 2o s.	5	3 m. oo s.	5
	1 m. o3 s.	6	2 m. 18 s.	6	2 m 58 s.	6
	1 m. o2 s.	7	2 m. 16 s.	7	2 m. 56 s.	7
	1 m. o1 s.	8	2 m. 14 s.	8	2 m. 54 s.	8
	1 m. oo s.	9	2 m. 12 s.	9	2 m. 52 s.	9
	o m. 59 s.	10	2 m. 1o s.	10	2 m. 5o s.	10
Performances voisines des limites de la puissance humaine. — Maximums atteints par des sujets d'élite ou des spécialistes.	o m. 58 s.	11	2 m. o9 s.	11	2 m. 48 s.	11
	o m. 57 s.	12	2 m. o8 s.	12	2 m. 46 s.	12
	o m. 56 s.	13	2 m. o7 s.	13	2 m. 44 s.	13
	o m. 55 s.	14	2 m. o6 s.	14	2 m. 42 s.	14
	o m. 54 s.	15	2 m. o5 s.	15	2 m. 4o s.	15
Records officiels : Records du monde et records français.	49 s. Rec. fr. 48 s. 2 Rec. du monde.		1 m. 56 s. Rec. fr. 1 m. 51 s. 9 Rec. du monde.		2 m. 36 s. 2/5 Rec. fr. 2 m. 34 s. 2/5 Rec. du monde.	

VALEUR DES PERFORMANCES	COURSE DE 3 KILOMÈTRES		COURSE DE 5 KILOMÈTRES		COURSE DE 10 KILOMÈTRES	
	PERFORM.	POINTS	PERFORM.	POINTS	PERFORM.	POINTS
Performances suffisantes ou nulles.	20 min.	— 5	35 min.	— 5	1 h. 30 m.	— 5
	18 min.	— 4	30 min.	— 4	1 h. 20 m.	— 4
	17 min.	— 3	28 min.	— 3	1 h. 15 m.	— 3
	16 min.	— 2	26 min.	— 2	1 h. 10 m.	— 2
	15 min.	— 1	25 min.	— 1	1 h. 05 m.	— 1
Limite inférieure du développement élémentaire.	**14** min.	**0**	**24** min.	**0**	**1** heure	**0**
Performances moyennes.	13 m.	1	23 m.	1	0 h. 55 m.	1
	12 m. 30 s.	2	22 m.	2	0 h. 50 m.	2
Performances supérieures.	12 m.	3	21 m.	3	0 h. 46 m.	3
	11 m. 40 s.	4	20 m. 30 s.	4	0 h. 44 m.	4
Performances exceptionnelles ou athlétiques.	11 m. 20 s.	5	20 m.	5	0 h. 43 m.	5
	11 m.	6	19 m. 30 s.	6	0 h. 42 m.	6
	10 m. 40 s.	7	19 m.	7	0 h. 41 m.	7
	10 m. 20 s.	8	18 m. 30 s.	8	0 h. 40 m.	8
	10 m. 10 s.	9	18 m.	9	0 h. 39 m.	9
	10 m.	10	17 m. 40 s.	10	0 h. 38 m.	10
Performances voisines des limites de la puissance humaine. — Maximums atteints par des sujets d'élite ou des spécialistes.	9 m. 50 s.	11	17 m. 20 s.	11	0 h. 37 m.	11
	9 m. 40 s.	12	17 m.	12	0 h. 36 m.	12
	9 m. 30 s.	13	16 m. 40 s.	13	0 h. 35 m.	13
	9 m. 20 s.	14	16 m. 20 s.	14	0 h. 34 m.	14
	9 m. 10 s.	15	16 m.	15	0 h. 33 m.	15
Records officiels : records du monde et records français.	8 m. 49 s. 3/5 Rec. fr. et rec. du monde.		15 m. 11 s. 2/5 Rec. fr. 14 m. 17 s. 3/5 Rec. du monde.		30 m. 58 s. 3/5 Rec. fr. et rec. du monde.	

VALEUR DES PERFORMANCES	COURSE D'UNE 1/2 HEURE		COURSE D'UNE HEURE		GRIMPER A LA CORDE	
	PERFORM.	POINTS	PERFORM.	POINTS	PERFORM.	POINTS
Performances insuffisantes ou nulles.	4 k. 000	— 5	7 k. 000	— 5	2 m. 50	— 5
	5 k. 000	— 4	8 k. 000	— 4	3 m.	— 4
	5 k. 250	— 3	8 k. 500	— 3	3 m. 50	— 3
	5 k. 500	— 2	9 k. 000	— 2	4 m.	— 2
	5 k. 750	— 1	9 k. 500	— 1	4 m. 50	— 1
Limite inférieure du développement élémentaire.	**6 km.**	**0**	**10 km.**	**0**	**5 m.**	**0**
Performances moyennes.	6 k. 250	1	11 k. 000	1	6 m.	1
	6 k. 500	2	12 k. 000	2	7 m.	2
Performances supérieures.	6·k. 750	3	13 k. 000	3	8 m.	3
	7 k. 000	4	13 k. 500	4	9 m.	4
Performances exceptionnelles ou athlétiques.	7 k. 250	5	14 k. 000	5	10 m.	5
	7 k. 500	6	14 k. 500	6	10 m. 50	6
	7 k. 750	7	15 k. 000	7	11 m.	7
	8 k. 000	8	15 k. 500	8	11 m. 50	8
	8 k. 250	9	16 k. 000	9	12 m.	9
	8 k. 500	10	16 k. 500'	10	12 m. 50	10
Performances voisines des limites de la puissance humaine.	8 k. 600	11	16 k. 750	11	13 m.	11
	8 k. 700	12	17 k. 000	12	13 m. 50	12
	8 k. 800	13	17 k. 250	13	14 m.	13
—	8 k. 900	14	17 k. 500	14	14 m. 50	14
Maximums atteints par des sujets d'élite ou des spécialistes.	9 k. 000	15	17 k. 750	15	15 m,	15
	. . . . .		. . . . .		. . . . .	
	. . . . .		. . . . .		. . . . .	
Records officiels : Records du monde et records français.	**9 k. 721** Rec. fr. et Rec. du monde.		**19 k. 021** Rec. fr. et Rec. du monde.		**19 mètres** (Rec. non homologué.)	

VALEUR DES PERFORMANCES	TRACTIONS COMPLÈTES EN SUSPENSION A UNE BARRE		RÉSISTANCE EN SUSPENSION PAR LES MAINS		DÉVELOPPÉ A DEUX MAINS	
	PERFORM.	POINTS	PERFORM.	POINTS	PERFORM.	POINTS
Performances insuffisantes ou nulles.	1 traction	— 5	1 min.	— 5	10 kg.	— 5
	2 tractions	— 4	1 m. 20 s.	— 4	15 kg.	— 4
	3 —	— 3	1 m. 30 s.	— 3	20 kg.	— 3
	4 —	— 2	1 m. 40 s.	— 2	25 kg.	— 2
	5 —	— 1	1 m. 50 s.	— 1	30 kg.	— 1
Limite inférieure du développement élémentaire.	6 tractions	0	2 minutes	0	40 kg.	0
Performances moyennes.	7 —	1	3 min.	1	44 kg.	1
	8 —	2	4 min.	2	48 kg.	2
Performances supérieures.	9 —	3	5 min.	3	52 kg.	3
	10 —	4	6 min.	4	56 kg.	4
Performances exceptionnelles ou athlétiques.	11 —	5	7 min.	5	60 kg.	5
	12 —	6	8 min.	6	64 kg.	6
	13 —	7	9 min.	7	68 kg.	7
	14 —	8	10 min.	8	72 kg.	8
	15 —	9	11 min.	9	76 kg.	9
	16 —	10	12 min.	10	80 kg.	10
Performances voisines des limites de la puissance humaine. — Maximums atteints par des sujets d'élite ou des spécialistes.	17 —	11	13 min.	11	84 kg.	11
	18 —	12	13 m. 30 s.	12	86 kg.	12
	19 —	13	14 min.	13	88 kg.	13
	20 —	14	14 m. 30 s.	14	90 kg.	14
	21 —	15	15 min.	15	92 kg.	15
Records officiels : Records du monde et records français.	»		19 min. (Rec. non homologué).		116 kg. Rec. fr. et rec. du monde.	

VALEUR DES PERFORMANCES	ARRACHÉ A DEUX MAINS		DÉVELOPPÉ D'UNE MAIN		ARRACHÉ D'UNE MAIN	
	PERFORM.	POINTS	PERFORM.	POINTS	PERFORM.	POINTS
Performances insuffisantes ou nulles.	10 kg.	— 5	4 kg.	— 5	8 kg.	— 5
	15 kg.	— 4	8 kg.	— 4	10 kg.	— 4
	20 kg.	— 3	10 kg.	— 3	12 kg.	— 3
	25 kg.	— 2	12 kg.	— 2	15 kg.	— 2
	30 kg.	— 1	14 kg.	— 1	20 kg.	— 1
Limite inférieure du développement élémentaire.	40 kg.	O	18 kg.	O	25 kg.	O
Performances moyennes.	44 kg.	1	20 kg.	1	30 kg.	1
	48 kg.	2	22 kg.	2	34 kg.	2
Performances supérieures.	52 kg.	3	24 kg.	3	38 kg.	3
	56 kg.	4	26 kg.	4	42 kg.	4
Performances exceptionnelles ou athlétiques.	60 kg.	5	28 kg.	5	46 kg.	5
	64 kg.	6	30 kg.	6	50 kg.	6
	68 kg.	7	32 kg.	7	54 kg.	7
	72 kg.	8	34 kg.	8	58 kg.	8
	76 kg.	9	36 kg.	9	62 kg.	9
	80 kg.	10	38 kg.	10	66 kg.	10
Performances voisines des limites de la puissance humaine. — Maximums atteints par des sujets d'élite ou des spécialistes.	84 kg.	11	40 kg.	11	70 kg.	11
	86 kg.	12	41 kg.	12	72 kg.	12
	88 kg.	13	42 kg.	13	74 kg.	13
	90 kg.	14	43 kg.	14	76 kg.	14
	92 kg.	15	44 kg.	15	78 kg.	15
	. . . . .	. . .	. . . . .	. . .	. . . . .	. . .
	. . . . .	. . .	. . . . .	. . .	. . . . .	. . .
Records officiels : Records du monde et records français.	116 kg. Rec. fr. et rec. du monde.		58 kg. 500 Rec. fr. et Rec. du monde.		100 kg. Rec. fr. et rec. du monde.	

VALEUR DES PERFORMANCES	JETÉ D'UNE MAIN		LEVER DE LA GUEUSE		CHARGEMENT D'UN SAC SUR L'ÉPAULE	
	PERFORM.	POINTS	PERFORM.	POINTS	PERFORM.	POINTS
Performances insuffisantes ou nulles.	10 kg.	— 5	10 kg.(1 fois)	— 5	20 kg.	— 5
	12 kg.	— 4	15 kg.(—)	— 4	30 kg.	— 4
	15 kg.	— 3	20 kg.(—)	— 3	35 kg.	— 3
	20 kg.	— 2	25 kg.(—)	— 2	40 kg.	— 2
	25 kg.	— 1	30 kg.(—)	— 1	45 kg.	— 1
Limite inférieure du développement élémentaire.	**30 kg.**	**0**	**40 kg. 1 fois**	**0**	**50 kg.**	**0**
Performances moyennes.	34 kg.	1	3 fois	1	55 kg.	1
	38 kg.	2	5 —	2	60 kg.	2
Performances supérieures.	42 kg.	3	10 —	3	65 kg.	3
	46 kg.	4	15 —	4	70 kg.	4
Performances exceptionnelles ou athlétiques.	50 kg.	5	20 —	5	75 kg.	5
	54 kg.	6	22 —	6	80 kg.	6
	58 kg.	7	24 —	7	85 kg.	7
	62 kg.	8	26 —	8	90 kg.	8
	66 kg.	9	28 —	9	95 kg.	9
	70 kg.	10	30 —	10	100 kg.	10
Performances voisines des limites de la puissance humaine. — Maximums atteints par des sujets d'élite ou des spécialistes.	74 kg.	11	32 —	11	104 kg.	11
	76 kg.	12	34 —	12	108 kg.	12
	78 kg.	13	36 —	13	112 kg.	13
	80 kg.	14	38 —	14	116 kg.	14
	82 kg.	15	40 —	15	120 kg.	15
Records officiels : Records du monde et records français.	104 kg. Rec. fr. 115 kg. 5 Rec. du monde.		45 fois (Rec. non homologué).		»	

Hébert, Code.

5

VALEUR DES PERFORMANCES	LANCER D'ADRESSE 24 BALLES DE TENNIS sur cible de 1mq à 20m de distance		LANCER DU DISQUE DE 2 KILOGS		NATATION PARCOURS DE 50 MÈTRES	
	PERFORM.	POINTS	PERFORM.	POINTS	PERFORM.	POINTS
Performances insuffisantes ou nulles.	1 balle au but	— 5	6 m.	— 5	2 m. 00 s.	— 5
	2 —	— 4	10 m.	— 4	1 m. 50 s.	— 4
	3 —	— 3	11 m.	— 3	1 m. 40 s.	— 3
	4 —	— 2	12 m.	— 2	1 m. 30 s.	— 2
	5 —	— 1	13 m.	— 1	1 m. 25 s.	— 1
Limite inférieure du développement élémentaire.	6 balles au but	**0**	**14 m.**	**0**	**1 m. 20 s.**	**0**
Performances moyennes.	7 —	1	16 m.	1	1 m. 15 s.	1
	8 —	2	18 m.	2	1 m. 10 s.	2
Performances supérieures.	9 —	3	20 m.	3	1 m. 05 s.	3
	10 —	4	21 m.	4	1 m. 00 s.	4
Performances exceptionnelles ou athlétiques.	11 —	5	22 m.	5	0 m. 58 s.	5
	12 —	6	23 m.	6	— 56 s.	6
	13 —	7	24 m.	7	— 54 s.	7
	14 —	8	25 m.	8	— 52 s.	8
	15 —	9	26 m.	9	— 50 s.	9
	16 —	10	27 m.	10	— 48 s.	10
Performances voisines des limites de la puissance humaine. — Maximums atteints par des sujets d'élite ou des spécialistes.	17 —	11	28 m.	11	— 46 s.	11
	18 —	12	28 m. 50	12	— 44 s.	12
	19 —	13	29 m.	13	— 42 s.	13
	20 —	14	29 m. 50	14	— 40 s.	14
	21 —	15	30 m.	15	— 38 s.	15
Records officiels : Records du monde et records français.	»		41 m. 25 Rec. fr. 46 m. 23 Rec. du monde.		31 s. 2/5 Rec. fr. 60 yards (54 m. 86) 31 s. Rec. du monde.	

VALEUR DES PERFORMANCES	NATATION PARCOURS DE 500 MÈTRES		NATATION PARCOURS DE 1 000 MÈTRES		PLONGER PAR LA TÊTE HAUTEUR DE CHUTE	
	PERFORM.	POINTS	PERFORM.	POINTS	PERFORM.	POINTS
	. . . . . .	. . .	. . . . .	. . .	. . . . . .	. . .
Performances insuffisantes ou nulles.	28 min.	— 5	1 h.	— 5	0 m. 20	— 5
	26 min.	— 4	56 min.	— 4	0 m. 30	— 4
	24 min.	— 3	52 min.	— 3	0 m. 40	— 3
	22 min.	— 2	48 min.	— 2	0 m. 60	— 2
	20 min.	— 1	44 min.	— 1	0 m. 80	— 1
Limite inférieure du développement élémentaire.	**18** min.	**0**	**40** min.	**0**	**1 m.**	**0**
Performances moyennes.	16 min.	1	36 min.	1	2 m.	1
	15 min.	2	32 min.	2	3 m.	2
Performances supérieures.	14 min.	3	30 min.	3	4 m.	3
	13 min.	4	28 min.	4	5 m.	4
Performances exceptionnelles ou athlétiques.	12 m. 30 s.	5	26 min.	5	6 m.	5
	12 m. 00 s.	6	25 min.	6	7 m.	6
	11 m. 30 s.	7	24 min.	7	8 m.	7
	11 m. 00 s	8	23 min.	8	9 m.	8
	10 m. 30 s.	9	22 min.	9	10 m.	9
	10 m. 00 s.	10	21 min.	10	11 m.	10
Performances voisines des limites de la puissance humaine.	9 m. 40 s.	11	20 min.	11	12 m.	11
	9 m. 20 s.	12	19 m. 30	12	13 m.	12
	9 m. 00 s.	13	19 min.	13	14 m.	13
—	8 m. 40 s.	14	18 m. 30	14	15 m.	14
Maximums atteints par des sujets d'élite ou des spécialistes.	8 m. 20 s.	15	18 min.	15	16 m.	15
	. . . . . .	.	. . . .	.	. . . .	. . .
	. . . . .	.	. . . .	.	. . . .	. . .
Records officiels : Records du monde et records français.	7 m. 57 s. 2/5 Rec. fr. 7 m. 18 s. 2/5 Rec. du monde.		17 m. 8 s. Rec. fr. 13 m. 8 s. Rec. du monde.		31 m. 48. Rec. fr. 46 m. Rec. du monde.	

VALEUR DES PERFORMANCES	110 MÈTRES HAIES		LANCER DU JAVELOT		SAUT A LA PERCHE	
	PERFORM.	POINTS	PERFORM.	POINTS	PERFORM.	POINTS
Performances insuffisantes ou nulles.	36 sec.	— 5	6 m.	— 5	1 m. 00	— 5
	34 s.	— 4	8 m.	— 4	1 m. 10	— 4
	32 s.	— 3	10 m.	— 3	1 m. 20	— 3
	30 s.	— 2	12 m.	— 2	1 m. 30	— 2
	28 s.	— 1	14 m.	— 1	1 m. 40	— 1
Limite inférieure du développement élémentaire.	**26 s.**	**0**	**16 m.**	**0**	**1 m. 50**	**0**
Performances moyennes.	25 s.	1	18 m.	1	1 m. 70	1
	24 s.	2	20 m.	2	1 m. 90	2
Performances supérieures.	23 s.	3	22 m.	3	2 m. 10	3
	22 s. 5	4	24 m.	4	2 m. 20	4
Performances exceptionnelles ou athlétiques.	22 s.	5	26 m.	5	2 m. 25	5
	21 s. 5	6	27 m.	6	2 m. 30	6
	21 s.	7	28 m.	7	2 m. 35	7
	20 s. 5	8	29 m.	8	2 m. 40	8
	20 s.	9	30 m.	9	2 m. 45	9
	19 s. 5	10	31 m.	10	2 m. 50	10
Performances voisines des limites de la puissance humaine. — Maximums atteints par des sujets d'élite ou des spécialistes.	19 s.	11	32 m.	11	2 m. 54	11
	18 s. 3/5	12	32 m. 5	12	2 m. 58	12
	18 s. 1/5	13	33 m.	13	3 m. 02	13
	17 s. 4/5	14	33 m. 5	14	3 m. 06	14
	17 s. 2/5	15	34 m.	15	3 m. 10	15
Records officiels : Records du monde et records français.	15 s. 8 Rec. fr. 15 s. Rec. du monde.		46 m. 90 Rec. fr. 61 m. 48 Rec. du monde.		3 m. 74 Rec. fr. 3 m. 995 Rec. du monde.	

III. — RÈGLES RELATIVES A L'EXÉCUTION
DES PERFORMANCES

44. — Marches.

L'échelle de notation des performances est établie pour des marches en terrain plat ou très peu accidenté, avec un chargement maximum de 5^{kg} représentant le poids des vêtements, chaussures et accessoires divers.

Les temps indiqués aux tableaux des performances comprennent les repos ou les arrêts dont le marcheur peut avoir besoin.

Pour chaque kilogramme de chargement en plus des cinq kilogrammes prévus, ajouter aux temps indiqués dans les tableaux un nombre de minutes égal au dixième du nombre de kilomètres du parcours.

Par exemple, la cote zéro, qui indique une durée de 4 heures pour une marche de 20 kilomètres avec le chargement ordinaire de 5^{kg}, devient égale à 4 h. $+ 2 \times 10 = 4$ h. 20 min. avec un chargement total de 15^{kg}, soit 10^{kg} de supplément, et à 4 h $+ 2 \times 20$ $= 4$ h. 40 min. avec un chargement total de 25^{kg}, soit 20^{kg} de supplément.

La cote zéro pour une marche de 50 kilomètres avec un chargement de 30^{kg} (soit un supplément de 25^{kg}), représentant le grand maximum de charge d'un fantassin, devient égale à 12 h. $+ 5 \times 25 = 12$ h. $+ 125$ minutes $= 14$ h. 5 min., ce qui correspond à une allure moyenne de $3^{km},5$ à l'heure.

45. — Courses.

Les courses s'effectuent sur piste ou sur terrain plat, avec un chargement maximum de 5^{kg} représentant le poids des vêtements, chaussures ou accessoires divers.

46. — Grimper.

1° *Grimper à la corde le plus haut possible.*

L'épreuve s'effectue sur une corde lisse verticale, de 15 mètres de hauteur au minimum, étalonnée de 50^{cm} en 50^{cm} au moyen de morceaux d'étoffe.

Le départ a lieu *debout*, les mains placées au-dessous d'une marque située à 2^m du sol.

La montée s'effectue sans l'aide des jambes, qui doivent rester écartées, mais peuvent être conservées soit fléchies, soit allongées. La corde reste placée entre les cuisses. La descente s'effectue à volonté avec ou sans l'aide des jambes.

Le grimper n'est plus valable dès que le grimpeur serre la corde avec ses membres inférieurs.

Une hauteur étalonnée n'est considérée comme atteinte que si une des deux mains couvre la marque d'étalonnage ou est placée juste au-dessus. Lorsque le grimpeur s'arrête, ayant les deux mains placées entre deux marques d'étalonnage, la hauteur atteinte est cotée suivant le cas X^m,25 ou X^m,75.

Dans le cas où la corde a une hauteur insuffisante pour la force des grimpeurs, la règle suivante peut être appliquée :

Après avoir atteint le sommet de la corde, le grimpeur redescend sans l'aide des jambes jusqu'à 2 mètres

en plaçant l'une de ses mains au-dessous de la marque
d'étalonnage et sans toucher le sol avec les pieds. De
là il effectue une nouvelle montée toujours sans l'aide
des jambes. La hauteur atteinte dans cette deuxième
tentative (ou dans la troisième si le cas se présente)
s'ajoute à la hauteur atteinte lors de la première montée. Toutefois il y a lieu de remarquer que le résultat
obtenu en procédant de cette manière n'est pas identi-
que au résultat obtenu en grimpant avec une corde de
hauteur suffisante, les conditions de l'épreuve n'étant
plus exactement les mêmes.

2º *Tractions complètes en suspension à une barre.*

Se suspendre par les mains à une barre quelconque,
les bras complètement allongés, les jambes pendantes,
les mains à un écartement égal à celui des épaules, les
doigts dirigés en avant. Tirer sur les bras et amener
le menton à la hauteur des mains exactement à la
naissance des doigts. Redescendre ensuite le corps en
allongeant complètement les bras. Recommencer à
tirer sur les bras, et ainsi de suite pendant une durée
maximum d'*une minute.*

3º *Résistance en suspension par les mains.*

Suspendre le corps par les mains à une barre ou à
tout autre objet sur lequel les mains peuvent trouver
une bonne prise. Les jambes sont pendantes dans le
vide et ne peuvent prendre appui nulle part. Dans cette
position, résister le plus longuement possible, jusqu'à
ce que la fatigue dans les mains et les bras et surtout la
douleur dans les articulations obligent à lâcher la prise.

Cette épreuve trouve son application directe dans
certaines circonstances dangereuses où le salut de l'exis-

tence dépend uniquement d'une résistance à la douleur
spéciale produite par le tiraillement dans les articulations ; par exemple lorsqu'on se trouve accidentelle-
ment suspendu dans le vide, accroché sur le rebord
d'une muraille, d'une fenêtre, d'un quai, d'un canot,...
ou enfin lorsqu'on se cramponne d'une manière quelconque en attendant du secours.

47. — Lever.

1° *Levers classiques par développé, jeté et arraché.*
Les objets à soulever sont des barres pour le lever à
deux mains, et des haltères courts ou également des
barres pour le lever à une main.

Pour exécuter un *développé* à deux mains :

Écarter légèrement les pieds latéralement. Puis saisir
la barre avec les deux mains et l'enlever directement de
terre à l'épaulement en fléchissant les jambes à volonté.
Marquer un temps d'arrêt franc à l'épaulement. Élever
ensuite la barre au bout des bras tendus en la faisant
monter horizontalement, les jambes restant tendues.

Il est interdit d'avancer le ventre, de donner une se-
cousse ou de rejeter le haut du corps en arrière pendant
l'extension verticale des bras ; d'étendre les bras l'un
après l'autre ; enfin de déplacer les pieds de leurs empreintes de départ. Autrement le lever n'est pas valable.

Le temps d'arrêt à l'épaulement dans la montée a une
importance capitale. S'il n'a pas lieu ou a une valeur
trop réduite, le développé est incorrect et non valable,
car, dans ce cas, le leveur utilise l'élan provenant du
redressement brusque du tronc et de la flexion vive des
bras, en même temps qu'il profite de l'élasticité des

muscles des membres supérieurs pour décoller le poids
de l'épaulement. Dans les concours, les concurrents
ont toujours tendance à réduire ce temps d'arrêt le plus
possible. Pour éviter cette faute, un temps d'arrêt de
une, deux ou plusieurs secondes peut être imposé.

Pour exécuter un *arraché* à deux mains :

Écarter légèrement les pieds latéralement. Puis saisir
la barre avec les deux mains et l'élever *d'un seul temps*
au bout des bras tendus verticalement en utilisant la
détente des jambes le plus possible, soit en fléchissant,
soit en se fendant d'avant en arrière.

Le lever n'est pas valable si le moindre temps d'arrêt a lieu
à un moment quelconque de l'élévation ou bien encore si
la barre est épaulée et le mouvement terminé par un jeté.

Les principes du lever avec une seule main sont les
mêmes que ceux du lever à deux mains. (Les principes
du jeté ont été indiqués au Chapitre III, n° 37.)

Dans le *développé* d'une seule main, pendant la montée de l'épaulement au bout des bras, le corps doit rester vertical, c'est-à-dire ne pas pencher à droite, à
gauche ou en arrière ; de plus les jambes doivent rester
complètement tendues.

Dans toutes les épreuves de lever d'une seule main,
pour établir le chiffre définitif de la performance, prendre la moyenne du meilleur lever de la main droite et
du meilleur lever de la main gauche.

Les records de lever d'une seule main indiqués aux
tables de performances représentent la meilleure performance exécutée avec une seule des deux mains et
non la moyenne d'un lever avec la main droite et d'un
lever avec la main gauche.

2° *Lever de la gueuse de 40ᵏᵍ.*

L'appareil appelé gueuse est un objet en fonte, de forme parallélépipédique, muni de poignées. L'écartement extrême des poignées est de 4o à 45ᶜᵐ environ.

A défaut de gueuse, utiliser pour exécuter l'épreuve une pierre spécialement taillée ou une simple barre.

L'épreuve consiste à soulever la gueuse, le plus grand nombre de fois possible, pendant une durée de temps limitée à *deux minutes.*

Le lever s'effectue à deux mains, à volonté par *développé,* par *arraché,* ou par *jeté,* mais à la condition que les pieds restent constamment sur les empreintes de départ.

Au départ les pieds sont écartés latéralement, la gueuse entre eux, mais *en avant* de la ligne qui joint les talons.

Une fois la gueuse élevée au bout des bras tendus verticalement, la redescendre directement et lui faire toucher le sol, mais sans lâcher la prise des mains. Recommencer aussitôt un nouveau lever et ainsi de suite.

Un lever n'est pas valable, mais n'arrête pas pour cela la continuation de l'épreuve si les pieds quittent leurs empreintes pendant la montée ou la descente ; si la gueuse touche le sol en arrière de la ligne des talons ou si elle est balancée en arrière des jambes (cette règle a pour but d'empêcher l'exécution d'une sorte de mou‑vement de « volée » à deux mains) ; si les bras ne sont pas complètement allongés verticalement.

Que le lever ait lieu par développé, par arraché ou par jeté, ou par une combinaison des trois procédés, l'épreuve est considérée comme terminée dès que le leveur abandonne la gueuse, même si la limite du temps accordé pour l'épreuve (deux minutes) n'est pas atteinte.

Dès que la gueuse a touché le sol, elle doit être immédiatement décollée de terre. L'épreuve cesse d'autorité si le leveur marque un temps d'arrêt supérieur à une seconde, la gueuse reposant sur le sol.

3° *Chargement d'un sac sur l'épaule.*

La manière de charger est libre. Au départ le sac est placé soit à plat sur le sol, soit debout, soit appuyé en travers sur une des cuisses.

Les sacs utilisés pour l'épreuve doivent avoir les dimensions suivantes : 1 m. de hauteur et 0 m. 75 de largeur. Ils peuvent être chargés avec du sable, de la sciure de bois ou toute autre matière, à condition d'être complètement remplis jusqu'à une hauteur de $0^m,80$.

Pour établir le chiffre définitif de la performance, prendre la moyenne du meilleur chargement sur l'épaule droite et du meilleur chargement sur l'épaule gauche.

48. — Lancer.

Le lancer d'*adresse* s'effectue sur une cible verticale de 1 mq. (carré de 1 mètre de côté) placée à vingt mètres de distance. Le bord inférieur de la cible est à $0^m,50$ au-dessus du sol.

L'objet à lancer est une balle de tennis ou, à défaut, une balle ordinaire, un caillou. Le nombre de lancements est fixé à 24, dont douze du bras droit et douze du bras gauche. Le lancer a lieu à la volée, c'est-à-dire qu'il s'effectue par un mouvement brusque de détente latérale du bras et non par un balancé de bas en haut, à la façon des joueurs de boule.

Pour qu'un lancer soit valable, le lanceur ne doit pas dépasser une ligne tracée exactement à 20 mètres de distance de la cible. S'il perd l'équilibre, il ne doit toucher le sol en avant de cette ligne qu'après la chute de la balle.

Toute balle qui frappe la cible est considérée comme coup au but.

La cible peut être divisée en plusieurs parties pour la détermination des fractions de points. Par exemple, toute balle frappant dans un carré intérieur de o^m,5o de côté ayant même centre que la cible compte pour un demi-point en plus ; toute balle frappant dans un carré de o^m,25 de côté compte pour 3/4 de point en plus, etc.

49. — Natation.

Les différents parcours doivent avoir lieu sans courant appréciable.

Dans l'épreuve du plongeon en hauteur, le corps doit pénétrer dans l'eau la tête la première. La hauteur de chute est mesurée des pieds du plongeur à la surface de l'eau.

50. — Épreuves sportives spéciales pour adultes.

1° *110 mètres haies.*

La course de 110 mètres haies a lieu en ligne droite. Les haies ont 1^m,06 de hauteur. Elles sont au nombre de dix et se trouvent placées exactement à 9 mètres les unes des autres. La première est placée à 15 mètres de la ligne de départ.

Le départ est donné comme pour la course de 100 mètres plat.

Pour établir le chiffre définitif de la performance, prendre la moyenne du meilleur parcours exécuté en sautant les haies sur le pied droit et du meilleur parcours en sautant les haies sur le pied gauche, ou bien prendre directement le temps du parcours si cinq haies sont sautées sur le pied droit et les cinq autres sur le pied gauche.

Les records indiqués aux tables de performances représentent un parcours exécuté en franchissant les haies toujours sur le même pied.

Pour les sujets au-dessous de 18 ans l'épreuve est exécutable à condition de réduire la hauteur des haies à la hauteur correspondant, suivant l'âge, au niveau inférieur du développement élémentaire dans le saut en hauteur avec élan. Cette hauteur est la suivante :

de 16 à 18 ans.	$0^m,90$
de 14 à 16 ans.	$0^m,80$
de 12 à 14 ans.	$0^m,70$
de 10 à 12 ans.	$0^m,60$
de 8 à 10 ans.	$0^m,50$

2° *Saut à la perche.*

Les poteaux de sautoirs doivent être distants l'un de l'autre d'au moins 3 mètres. Un butoir en bois ou un emplacement spécial de $0^m,30$ de largeur, suivant le genre de perche utilisé, est disposé entre les deux poteaux.

La hauteur à franchir est indiquée au moyen d'une barre de bois rigide de 3^{cm} environ d'épaisseur, et parfaitement droite. Cette barre est simplement posée sur des taquets ayant 5^{cm} de longueur au plus, de façon à pouvoir tomber facilement à la moindre touche de la part du sauteur.

A défaut de barre, employer une corde, mais avoir soin de la tendre le plus fortement possible pour éviter toute courbure entre les points de suspension.

Le terrain de départ ou d'élan doit être parfaitement *horizontal* et *dur*. Le terrain de chute peut être mou.

Une hauteur quelconque n'est considérée comme franchie que si *aucune partie du corps n'a touché* la corde ou la barre qui l'indique. La hauteur franchie est mesurée du sol, au niveau du terrain de départ, à la partie supérieure de la barre ou de la corde.

Le sauteur doit retomber au sol *sur les pieds*. En cas de perte d'équilibre, il est nécessaire que ses pieds touchent terre *avant* toute autre partie du corps pour que le saut puisse être considéré comme valable.

L'élan et le franchissement ont lieu à volonté.

Pour établir le chiffre définitif de la performance, prendre la moyenne du meilleur saut à *droite* et du meilleur saut à *gauche* de la perche.

Les records indiqués aux tables de performances représentent le meilleur saut à droite ou à gauche de la perche et non la moyenne d'un saut à droite et d'un saut à gauche.

3° *Lancer du disque de* 2^{kg}.

La manière de lancer est libre. L'élan se prend dans un cercle de 1^m,25 de rayon tracé sur un plan absolument horizontal. Il est interdit de sortir du cercle. En cas de perte d'équilibre, pour que le lancer soit valable, le lanceur ne doit toucher le sol en dehors du cercle qu'après la chute du disque.

Le disque doit tomber dans une bande de terrain formée par deux lignes partant du centre du cercle et formant entre elles un angle de 90°. La distance de lancement est mesurée du centre du cercle à la première empreinte du disque sur le sol ; on retranche ensuite de cette distance le rayon du cercle, soit 1^m,25.

Pour établir le chiffre définitif de la performance, prendre la moyenne du meilleur lancer du bras droit et du meilleur lancer du bras gauche.

Les records indiqués aux tables de performances représentent le lancer d'un seul bras et non la moyenne du lancer des deux bras.

4° *Lancement du javelot.*

Le javelot doit avoir 2^m,50 de long et peser 800 grammes. Il doit être en bois lisse et se terminer à l'un des bouts par une pointe de fer.

Le lancer s'exécute de l'une des deux manières suivantes : en tenant le javelot par son milieu ou par l'extrémité opposée à la pointe. La distance d'élan est libre.

La distance de lancement se calcule à partir de l'endroit où la pointe du javelot a touché le sol jusqu'à la ligne de départ et perpendiculairement à cette ligne.

Pour qu'un lancer soit valable, le lanceur ne doit pas dépasser la ligne de départ avec ses pieds *avant* la chute du javelot.

Pour établir le chiffre définitif de la performance, prendre la moyenne du meilleur lancer du bras droit et du meilleur lancer du bras gauche.

Les records indiqués aux tables de performances représentent le meilleur lancer effectué d'un seul bras et non la moyenne des deux bras.

CHAPITRE V

LE DÉVELOPPEMENT ÉLÉMENTAIRE
OU DÉBROUILLAGE

CONDITIONS A REMPLIR POUR ÊTRE CONSIDÉRÉ
COMME DÉBROUILLÉ

I. — SUJETS D'AU MOINS 18 ANS

51. — Ce que signifie être débrouillé.

Être débrouillé signifie posséder le degré minimum de force ou d'aptitude physique générale nécessaire, d'une part pour ne pas être une *nullité physique,* d'autre part pour se tirer d'affaire en toutes circonstances (Voir n° 9, ch. I). C'est en un mot savoir suffisamment marcher, courir, sauter, grimper, lever, lancer, se défendre et nager, c'est-à-dire connaître au moins tous les exercices utilitaires indispensables.

Il est nécessaire de préciser le mieux possible cette définition du sujet débrouillé, en indiquant d'une façon nette les *résultats matériels* auxquels elle correspond. Sans cela les expressions savoir marcher, courir, sauter... restent vagues et il est impossible de déterminer nettement où commence pratiquement le débrouillage.

52. — Tableaux indicateurs des conditions à remplir pour être considéré comme débrouillé.

Les tableaux ci-après contiennent les conditions à remplir pour posséder la *limite inférieure du développement élémentaire*, c'est-à-dire pour être considéré comme débrouillé. Ces conditions sont de trois sortes :

1° Avoir au moins la cote *zéro* dans les douze épreuves classiques de la série-type ;

2° Avoir au moins la cote *zéro* dans les épreuves de la série complémentaire (les épreuves sportives spéciales restant facultatives) ;

3° Connaître et pouvoir exécuter en tout temps avec facilité un certain nombre de mouvements utilitaires indispensables.

Marche
1° Marche d'une heure : 7 kilomètres.
2° Marche de 10 kilom. : 1 h. 40 min.
3° Marche de 20 kilom. : 4 h.
4° Marche de 30 kilom. : 6 h. 30 min.
5° Marche de 40 kilom. : 9 h.
6° Marche de 50 kilom. : 12 h.

Course
1° Course de 100 mètres : 16 sec.
2° Course de 400 mètres : 1 min. 20 sec.
3° Course de 500 mètres : 1 min. 40 sec.
4° Course de 800 mètres : 2 min. 50 sec.
5° Course de 1000 mètres : 3 min. 30 sec.
6° Course de 1500 mètres : 6 min.
7° Course de 3 kilom. : 14 min.
8° Course de 5 kilom. : 24 min.
9° Course de 10 kilom. : 1 h.
10° Course d'une demi-heure : 6 kilomètres.
11° Course d'une heure : 10 kilomètres.

HÉBERT, Code. 6

Sauts

I. *Sauts ordinaires.*

1º Saut en hauteur sans élan. . .   0ᵐ,80
2º Saut en hauteur avec élan. . .   1 mètre
3º Saut en longueur sans élan. . .   2ᵐ,20
4º Saut en longueur avec élan. . .   3ᵐ,50

II. ·*Sauts d'obstacles réels.*

1º Saut en longueur avec élan : un fossé, *à bords à pic*, de 3 mètres de largeur et de 1 mètre de profondeur ; ou un fossé à *bords inclinés* de 3ᵐ,25 de largeur.

2º Saut en hauteur avec élan : une barrière *fixe* de 0ᵐ,95 de hauteur.

3º Saut en hauteur avec élan *sur* l'obstacle même : un talus de 1 mètre de hauteur ou une traverse élevée à 1 mètre.

4º Saut *avec appui* des deux mains et d'une seule main : une poutre ou traverse horizontale élevée à 1ᵐ,10.

5º Saut *en profondeur* : de 2 mètres sur un sol dur ; de 3 mètres sur un sol mou ; de 4 mètres étant suspendu par les mains.

Grimper

1º Grimper à une corde lisse verticale, *sans l'aide des jambes ;* départ debout. . .   5 mètres

2º Franchir une corde « en chaînette » à l'aide des bras et des jambes. Les extrémités de la corde sont à la même hauteur et éloignées de 5 mètres au minimum. La partie la plus basse du pendant de la corde est environ à 1 mètre au-dessous de la ligne joignant les extrémités de la corde.

3º Se rétablir, *sans l'aide des jambes,* sur une barre ou traverse de forme grossière où les mains peuvent facilement trouver prise ; autrement dit, étant suspendu par les mains, sous la barre et les bras allongés, se hisser au-dessus de la barre de façon à se trouver à l'appui sur sur les bras et le ventre. Exécuter le rétablissement sur les avant-bras ou sur les poignets (alternativement ou simultanément).

Grimper

4° Traverser debout un endroit où le *vertige* est à craindre : dessus de portique, muraille, traverse ayant une largeur de 20 à 25 centimètres, une longueur de 5 mètres au moins et une hauteur maximum de 4 mètres au-dessus du sol. Ou bien traverser à cheval, assis ou à l'appui sur les mains et le ventre, un endroit d'une hauteur supérieure à 4 mètres.

5° Tractions complètes à exécuter à une barre. . . . . . .   6 tractions

6° Résistance en suspension par les mains. . . . .   2 minutes

Lever

1° Développé à deux mains. . . . .   40^{kg}

2° Jeté à deux mains. . . . . . .   40^{kg}

3° Arraché à deux mains.. . . . .   40^{kg}

4° Développé d'une seule main.. . . .   18^{kg}

5° Jeté d'une seule main.. . . . .   30^{kg}

6° Arraché d'une seule main. . . .   25^{kg}

7° Charger un sac sur une épaule. Poids du sac. . . . .   50^{kg}

8° Charger et transporter un camarade de poids égal au sien. Le sujet à charger est supposé étendu à terre sans connaissance.

Lancer

1° Lancer du poids de 7^{kg},257. . .   5^{m},50

2° Lancer d'adresse : 24 balles de tennis (12 de chaque bras) à lancer sur une cible de 1 mq. à 20 mètres de distance. Nombre de balles au but.   6 balles

Défense

1° Savoir donner, parer et bloquer un coup de poing : coup direct et coup par côté.

2° Savoir donner et parer un coup de pied : coup de pied de pointe, coup de pied bas, coup de pied de flanc, coup de pied chassé.

3° Exécuter les principales prises de lutte et leurs parades : ceinture devant, ceinture de côté, ceinture arrière, tour de hanche en tête, tour de hanche en ceinture, tour de bras, bras roulé, tour de tête, tour d'épaule... ; passements de jambes en dehors, passements de jambes en

Défense	dedans, crochets en dehors et en dedans, prises des jambes. 4° Exécuter les principales manières de maîtriser un individu dangereux : ceinturer le corps et les bras, faire une « cravate », ceinturer les coudes, faire une torsion de membre, faire levier avec un bras, forcer une articulation, etc. 5° Exécuter une reprise d'assaut de boxe et d'assaut de lutte, avec un camarade de poids égal au sien.

Natation	1° Parcours de 50 mètres. .	1 min. 20 sec.
	2° Parcours de 100 mètres. .	3 minutes
	3° Parcours de 500 mètres. .	18 minutes
	4° Parcours de 1 000 mètres .	40 minutes
	5° Plongée sous l'eau.. . . .	10 secondes
	6° Plongeon par la tête, hauteur de chute	1 mètre
	7° Parcours tout habillé (chemise, gilet, veste, pantalon et souliers) : 25 mètres en nage sur le ventre et 25 mètres en nage sur le dos.	
	8° Flotter sans faire aucun mouvement pendant une minute environ.	
	9° Remorquer un camarade en le saisissant par derrière sous les aisselles et en nageant sur le dos avec les jambes seulement.	

Épreuves sportives spéciales (facultatives)	110 mètres haies.	26 secondes
	Saut à la perche.	1m,50
	Lancer du disque.	14 mètres
	Lancer du javelot..	16 mètres

II. — SUJETS AU-DESSOUS DE 18 ANS

53. — Performances minima à accomplir.

1° *Avoir au moins une aptitude caractérisée,* suivant l'age, *par la cote* — 1, — 2, — 3, — 4 — *ou* — 5 *dans chacune des douze épreuves de la fiche-type, c'est-à-dire pouvoir accomplir en tout temps avec facilité, les performances minima suivantes :*

PERFORMANCES MINIMA A ACCOMPLIR

ÉPREUVES	DE 8 A 10 ANS	DE 10 A 12 ANS	DE 12 A 14 ANS	DE 14 A 16 ANS	DE 16 A 18 ANS	A PARTIR DE 18 ANS
Course de 100 mètres.	21 s.	20 s.	19 s.	18 s.	17 s.	16 s.
Course de 500 mètres.	2 m. 30 s.	2 m. 20 s.	2 m. 10 s.	2 m. 00 s.	1 m. 50 s.	1 m. 40 s.
Course de 1500 mètres. . . .	9 m. 00 s.	8 m. 00 s.	7 m. 30 s.	7 m. 00 s.	6 m. 30 s.	6 m. 00 s.
Saut en hauteur sans élan.	0 m. 45	0 m. 50	0 m. 55	0 m. 60	0 m. 70	0 m. 80
Saut en hauteur avec élan.	0 m. 50	0 m. 60	0 m. 70	0 m. 80	0 m. 90	1 m. 00
Saut en longueur sans élan.	1 m. 20	1 m. 40	1 m. 60	1 m. 80	2 m. 00	2 m. 20
Saut en longueur avec élan.	2 m. 00	2 m. 50	2 m. 75	3 m. 00	3 m. 25	3 m. 50
Grimper à la corde lisse. .	2 m. 50	3 m. 00	3 m. 50	4 m. 00	4 m. 50	5 m. 00
Lever de poids à deux mains.	10 kg.	15 kg.	20 kg.	25 kg.	30 kg.	40 kg.
Lancer du poids de 7 kg. 257.	2 m. 00	2 m. 50	3 m. 00	4 m. 00	5 m. 00	5 m. 50
Natation : parcours de 100 mètres. .	5 m. 00 s.	4 m. 30 s.	4 m. 00 s.	3 m. 40 s.	3 m. 20 s.	3 m. 00 s.
Natation : plongée sous l'eau. .	5 s.	6 s.	7 s.	8 s.	9 s.	10 s.

Nota. — Le lancer du poids de 7^{ks},257, pour les enfants de moins de 14 ans, s'effectue en saisissant le poids *avec les deux mains* et en le projetant à volonté soit par un jet de l'épaule, comme cela est prescrit pour le lancer avec un seul bras, soit encore par un « balancé » de face ou un « balancé » de côté.

Il y a, en général, intérêt à remplacer le poids de 7^{ks},257 par un poids de 4^{ks} beaucoup plus maniable avec une seule main par les enfants de moins de 14 ans. Les performances indiquées dans les tables doivent dans ce cas être augmentées de la moitié de leur valeur. Par exemple, à la cote — 3, qui représente un lancer de 3 mètres du poids de 7^{ks},257, correspond un lancer de 3^m + 1^m,50 = 4^m,50 du poids de 4^{ks}.

2° *Avoir également, suivant l'âge, la cote — 1, — 2, — 3, — 4 ou — 5 dans chacune des épreuves complémentaires, c'est-à-dire pouvoir exécuter les performances indiquées dans le tableau ci-contre.* (Les épreuves sportives spéciales pour adultes ne figurent pas dans le tableau.)

Nota. — Il y a lieu de remarquer que certaines grandes épreuves de marche (au delà de 20 kilomètres) et surtout de course (à partir de 3 000 mètres) aussi bien que de natation (au delà de 100 mètres) ne conviennent pas, d'une façon générale, aux enfants de moins de 14 ans et ne doivent même jamais être imposées aux sujets de n'importe quel âge dont l'organisme présente un point faible, surtout du côté du cœur. Toutefois si ces grandes épreuves sont subies avec prudence, sous la direction de maîtres compétents, par des sujets de constitution normale et régulièrement exercés, elles ne présentent pas plus de danger que certains jeux violents et de longue durée auxquels se livrent sans surveillance de nombreux enfants de tous âges. Peu importe d'ailleurs la longueur d'un parcours si le *temps* mis à l'effectuer est suffisant et raisonnable, c'est-à-dire n'exige pas d'efforts disproportionnés avec l'âge ou la constitution. Les chiffres représentant les performances minima à accomplir dans ces grandes épreuves de fond ont été soigneusement étudiés et contrôlés, par expérience, sur des sujets de toutes conditions sociales ; mais de même que tous les autres chiffres contenus dans cet ouvrage, ils ne sont pas présentés comme ayant une valeur essentiellement rigoureuse et définitive.

En général l'enfant de constitution normale et de tempérament actif possède beaucoup plus de résistance qu'on ne le croit ordinairement ; il suffit pour s'en convaincre de le suivre dans ses jeux et ses déplacements pendant une journée entière où il peut donner libre cours à son activité ; on sera étonné de la quantité de travail qu'il peut produire. Ce qui lui manque en général, c'est la constance dans l'effort, qualité plutôt morale que physique. Par exemple, il veut bien s'exercer à sa guise, courir, sauter, escalader, faire une randonnée... mais si on lui impose une épreuve un peu longue, souvent il abandonne simplement parce que ça l'ennuie et non pas du tout parce que la force lui manque. Dans d'autres cas, c'est l'ignorance du rythme à adopter, c'est-à-dire de la façon de régler ses efforts, qui le décourage et le rebute.

PERFORMANCES MINIMA A ACCOMPLIR

ÉPREUVES COMPLÉMENTAIRES	DE 8 À 10 ANS	DE 10 À 12 ANS	DE 12 À 14 ANS	DE 14 À 16 ANS	DE 16 À 18 ANS	A PARTIR DE 18 ANS
Marche d'une heure	5 k. 000	5 k. 500	6 k. 000	6 k. 500	6 k. 750	7 k. 000
Marche de 10 kilomètres	2 h. 40 m.	2 h. 20 m.	2 h. 10 m.	2 h. 00 m.	1 h. 50 m.	1 h. 40 m.
Marche de 20 —	6 h. 00 m.	5 h. 30 m.	5 h. 00 m.	4 h. 40 m.	4 h. 20 m.	4 h. 00 m.
Marche de 30 —	9 h. 00 m.	8 h. 30 m.	8 h. 00 m.	7 h. 30 m.	7 h. 00 m.	6 h. 30 m.
Marche de 40 —	14 heures	13 h.	12 h.	11 h.	10 h.	9 h.
Marche de 50 —	18 heures	16 h.	15 h.	14 h.	13 h.	12 h.
Course de 400 mètres.	1 m. 50 s.	1 m. 40 s.	1 m. 35 s.	1 m. 30 s.	1 m. 25 s.	1 m. 20 s.
Course de 800 mètres.	4 m. 30 s.	4 m. 00 s.	3 m. 40 s.	3 m. 20 s.	3 m. 00 s.	2 m. 50 s.
Course de 1 000 mètres.	6 m. 00 s.	5 m. 00 s.	4 m. 30 s.	4 m. 00 s.	3 m. 40 s.	3 m. 30 s.
Course de 3 kilomètres.	20 m.	18 m.	17 m.	16 m.	15 m.	14 m.
Course de 5 kilomètres.	35 m.	30 m.	28 m.	26 m.	25 m.	24 m.
Course de 10 kilomètres.	1 h. 30 m.	1 h. 20 m.	1 h. 15 m.	1 h. 10 m.	1 h. 05 m.	1 h. 00 m.
Course d'une 1/2 heure. . . .	4 k. 000	5 k. 000	5 k. 250	5 k. 500	5 k. 750	6 k. 000
Course d'une heure. . . .	7 k. 000	8 k. 000	8 k. 500	9 k. 000	9 k. 500	10 k. 000
Grimper à la corde. . . .	2 m. 50	3 m.	3 m. 50	4 m.	4 m. 50	5 m.
Tractions complètes. . . .	1 tr.	2 tr.	3 tr.	4 tr.	5 tr.	6 tractions
Résistance en suspension. . .	1 m. 00 s.	1 m. 20 s.	1 m. 30 s.	1 m. 40 s.	1 m. 50 s.	2 m. 00 s.
Développé à deux mains. . .	10 kg.	15 kg.	20 kg.	25 kg.	30 kg.	40 kg.
Jeté à deux mains. . . .	10 kg.	15 kg.	20 kg.	25 kg.	30 kg.	40 kg.
Arraché à deux mains. . .	10 kg.	15 kg.	20 kg.	25 kg.	30 kg.	40 kg.
Développé d'une main. . .	4 kg.	8 kg.	10 kg.	12 kg.	14 kg.	18 kg.
Jeté d'une main. . . .	10 kg.	12 kg.	15 kg.	20 kg.	25 kg.	30 kg.
Arraché d'une main. . .	8 kg.	10 kg.	12 kg.	15 kg.	20 kg.	25 kg.
Charger un sac. . . .	20 kg.	30 kg.	35 kg.	40 kg.	45 kg.	50 kg.
Lancer d'adresse. . . .	1 balle	2 balles	3 balles	4 balles	5 balles	6 balles au but
Natation : 50 mètres. . . .	2 m. 00 s.	1 m. 50 s.	1 m. 40 s.	1 m. 30 s.	1 m. 25 s.	1 m. 20 s.
Natation : 500 mètres. . . .	28 m.	26 m.	24 m.	22 m.	20 m.	18 m.
Natation : 1 000 mètres. . . .	1 h. 00 m.	56 m.	52 m.	48 m.	44 m.	40 m.
Plonger : hauteur de chute. .	0 m. 20	0 m. 30	0 m. 40	0 m. 60	0 m. 80	1 m. 00

54. — Exercices et mouvements utilitaires indispensables à connaître et qu'il faut être capable d'exécuter en tout temps avec facilité, quel que soit l'âge.

1º Se rétablir sur une barre ou traverse de forme grossière, sans l'aide des jambes (le rétablissement *sur les avant-bras* est exécutable à tous les âges) ;

2º Franchir une corde « en chaînette » à l'aide des bras et des jambes ;

3º Traverser un endroit élevé où le *vertige* est à craindre, soit debout, à cheval, assis ou à l'appui sur les bras et le ventre, suivant sa hauteur ou son étroitesse ;

4º Sauter en profondeur : d'au moins 1^m,50, sur un sol dur ; d'au moins 2^m, sur un sol mou ; et d'au moins 3^m, étant suspendu par les mains ;

5º Franchir des *obstacles réels* d'une largeur et d'une hauteur en rapport avec l'âge ;

6º Franchir avec les deux mains ou avec une seule main une poutre horizontale d'une hauteur en rapport avec l'âge ;

7º Charger et transporter soit sur l'épaule, soit dans les bras, comme un enfant, un camarade de poids égal au sien, supposé étendu à terre sans connaissance ;

8º Savoir donner et parer un coup de poing et un coup de pied ; pouvoir exécuter et parer les principales prises de lutte ; enfin connaître certaines manières de maîtriser un individu dangereux ;

9º Nager tout habillé sur le ventre et sur le dos. Flotter sans mouvement. Remorquer un camarade.

CHAPITRE VI

LE DÉVELOPPEMENT ATHLÉTIQUE

CONDITIONS A REMPLIR POUR ÊTRE UN ATHLÈTE
COMPLET ET PARFAIT

---

55. — Ce que signifie être un athlète.

Un athlète est un sujet qui possède, développées au plus haut point, tout ou partie des qualités caractérisant l'être fort.

Il y a lieu de distinguer :

L'athlète spécialiste ;

L'athlète incomplet ;

L'athlète complet ;

L'athlète parfait.

D'après ce que nous avons dit à propos de la mesure de la force (voir ch. II), l'aptitude athlétique est caractérisée par un nombre de points égal à 60 dans les douze épreuves classiques de la série-type.

L'*athlète spécialiste* est un sujet capable d'accomplir une performance voisine des limites de la puissance humaine, c'est-à-dire atteignant au moins la cote 11 dans une épreuve quelconque, mais absolument incapable, d'autre part, de réunir un total de 60 points dans l'exécution des douze épreuves classiques de la série-type, ou bien d'exécuter un ou plusieurs mouvements utilitaires indiqués aux « conditions à remplir pour être considéré comme débrouillé ».

L'*athlète incomplet* est un sujet qui, tout en réunissant un total de 60 points dans les douze épreuves de la série-type, ne peut cependant pas arriver à obtenir au moins la cote zéro dans une ou plusieurs épreuves soit de la série-type, soit de la série complémentaire, ou bien est incapable d'exécuter tous les mouvements utilitaires caractérisant la limite inférieure du débrouillage.

L'*athlète complet* est un sujet qui réunit un total de 60 points sans qu'aucune de ses performances soit inférieure à la cote zéro dans les douze épreuves de la série-type. Il obtient également la cote zéro dans toutes les épreuves de la série complémentaire. Enfin il accomplit sans difficulté tous les mouvements utilitaires caractérisant la limite inférieure du débrouillage.

L'*athlète parfait* réunit au moins un total de 60 points sans qu'aucune de ses performances soit inférieure à la cote 5 dans chacune des douze épreuves de la série-type. Il obtient également la cote 5 dans toutes les épreuves de la série complémentaire. Enfin il accomplit sans difficulté tous les mouvements utilitaires caractérisant la limite inférieure du débrouillage ; et, de plus, il est capable d'exécuter certains d'entre eux dans des conditions très dures.

L'athlète parfait est le plus beau spécimen de la force physique ; mais il constitue une véritable rareté.

56. — Tableaux indicateurs des conditions à remplir pour être un athlète complet et parfait.

Les tableaux ci-après contiennent les conditions à remplir pour être considéré comme un athlète *complet* et *parfait*. Ces conditions sont de trois sortes.

I. — Avoir au moins la cote 5 dans chacune des douze épreuves classiques de la série-type, c'est-à-dire pouvoir accomplir sans difficulté les performances suivantes :

Course de 100 mètres.	13 sec.
Course de 500 mètres.	1 min. 24 sec.
Course de 1 500 mètres.	5 min. 10 sec.
Saut en hauteur sans élan. . . .	$1^m,10$
Saut en hauteur avec élan. . . .	$1^m,30$
Saut en longueur sans élan . . .	$2^m,60$
Saut en longueur avec élan. . .	$4^h,80$
Grimper à la corde lisse. . . .	10 mètres
Lever de poids à deux mains. . .	70^{kg}
Lancer du poids de $7^{kg},257$. . .	$7^m,60$
Natation : parcours de 100 mètres. .	2 min. 10 sec.
Natation : plongée sous l'eau. . .	50 sec.

II. — Avoir également la cote 5 dans chacune des épreuves complémentaires, c'est-à-dire pouvoir accomplir sans difficulté les performances suivantes :

	Marche d'une heure. . . .	$8^{km},500$
	Marche de 10 kilomètres. .	1 h. 16 min.
Marche	Marche de 20 kilomètres. .	2 h. 45 min.
	Marche de 30 kilomètres. .	4 h. 20 min.
	Marche de 40 kilomètres. .	6 h. 20 min.
	Marche de 50 kilomètres. .	8 h. 00 min.

Course	Course de 400 mètres. . .	1 min. 04 sec.
	Course de 800 mètres. . .	2 min. 20 sec.
	Course de 1 000 mètres.. .	3 min. 00 sec.
	Course de 3 kilomètres.. .	11 min. 20 sec.
	Course de 5 kilomètres.. .	20 min. 00 sec.
	Course de 10 kilomètres. .	0 h. 43 min.
	Course d'une demi-heure. .	7^{km},250
	Course d'une heure. . . .	14^{km},000
Grimper	Tractions complètes en suspension à une barre. . .	11 tractions
	Résistance en suspension par les mains.	7 min.
Lever	Développé à deux mains. .	60^{kg}
	Jeté à deux mains. . . .	70^{kg}
	Arraché à deux mains. . .	60^{kg}
	Lever de la gueuse de 40^{kg}.	20 fois
	Développé d'une main. . .	28^{kg}
	Jeté d'une main.	50^{kg}
	Arraché d'une main.. . .	46^{kg}
	Charger un sac.	75^{kg}
Lancer	Lancer d'adresse.	11 balles au but
Natation	Parcours de 50 mètres. . .	58 sec.
	Parcours de 500 mètres.. .	12 min. 30 sec.
	Parcours de 1 000 mètres. .	26 min.
	Plonger par la tête ; hauteur de chute.	6 mètres
Épreuves sportives spéciales	110 mètres haies.. . . .	22 secondes
	Saut à la perche.	2^{m},25
	Lancer du disque.. . . .	22 mètres
	Lancer du javelot.. . . .	26 mètres

III. — Exécuter les exercices *utilitaires* suivants, déjà indiqués aux « conditions à remplir pour être considéré comme débrouillé », mais avec augmentation de la difficulté pour certains d'entre eux :

1° Étant en suspension à une barre de forme grossière, rétablissement *simultané* sur les poignets ;

2° Franchir une corde « en chaînette » dont les extrémités sont à 5ᵐ de distance au moins, *avec les mains seulement ;*

3º Traverser *rapidement* un endroit élevé où le vertige est à craindre, soit debout, soit à cheval, assis ou à l'appui sur les bras et le ventre, suivant sa hauteur ou son étroitesse ;

4º Sauter en profondeur de 3 mètres sur un sol dur ; de 4 mètres sur un sol mou et de 5 mètres étant suspendu par les mains ;

5º Sauter en longueur un fossé, à *bords à pic*, de 4ᵐ de largeur et profond de 1ᵐ, ou un fossé à *bords inclinés* de 4ᵐ,5o de largeur ;

6º Sauter en hauteur avec élan une barrière fixe de 1ᵐ,10 ;

7º Sauter en hauteur avec élan *sur* l'obstacle même un talus ou une traverse élevée à 1ᵐ,2o ;

8º Sauter avec appui des deux mains ou d'une seule main une barrière ou traverse horizontale élevée à 1ᵐ,2o ;

9º Charger à plat ventre *sur l'épaule* un camarade de poids égal au sien, supposé étendu à terre sans connaissance ;

10º Pouvoir faire un assaut simple et un combat de boxe ;

Pouvoir faire assaut en lutte à main plate et en lutte libre ;

Exécuter toutes les manières possibles de maîtriser un individu dangereux ;

11º Nager tout habillé sur un parcours de 100 mètres, moitié sur le ventre et moitié sur le dos ;

Flotter sans mouvement une minute au moins ;

Étant tout habillé, ramasser par 3 mètres de fond une pierre ou un poids d'au moins 5ᵏᵍ ;

Porter secours à un camarade de toutes les manières possibles.

CHAPITRE VII

CONTROLE DES RÉSULTATS DE L'ENTRAINEMENT. — EXAMEN PHYSIQUE. — MESURE COMPARÉE DES SUJETS ENTRE EUX. — CONCOURS.

---

57. — Importance du contrôle des résultats. — Manière de l'effectuer.

Pendant la durée de l'entraînement, le contrôle ou la constatation périodique des résultats est indispensable pour avoir des indications précises sur la valeur du travail accompli, l'importance des progrès obtenus et la recherche des points faibles à fortifier.

Ce contrôle s'effectue d'une part par l'établissement de la fiche-type de mesure de la force ; d'autre part au moyen des épreuves complémentaires et des différents exercices utilitaires indiqués aux « conditions à remplir pour être considéré comme débrouillé ». La différence de valeur des performances ou la différence dans la correction ou la facilité d'exécution des exercices utilitaires accomplis à deux époques différentes donnent pratiquement la valeur des résultats acquis.

D'après ce qui a été dit au Chapitre II (n° 21), les dix premières épreuves de la série-type de mesure de l'aptitude physique doivent être subies dans le cours d'une *même journée,* en l'espace de dix heures ; et les deux épreuves de natation, également dans le cours d'une même journée, en l'espace de deux heures. Les chiffres indiquant les divers degrés d'aptitude générale ont été établis en prenant ces durées comme base.

Toutefois, lorsqu'il s'agit simplement de comparer les résultats de l'entraînement à deux époques déterminées et non point de mesurer, d'une manière précise, la valeur de la force absolue, il suffit que les durées d'exécution des épreuves soient les mêmes aux deux époques. Par exemple, une semaine pour l'exécution complète des dix premières épreuves et une journée entière pour l'exécution des deux épreuves de natation.

58. — Usage et utilité de la fiche-type.

En dehors de son usage comme formule d'évaluation de la puissance physique, la fiche-type est également le principal moyen de contrôle ou de constatation des résultats. Aucun sujet ne doit poursuivre son entraî- · nement sans subir périodiquement la série-type des douze épreuves classiques qui permet de déduire immédiatement la valeur de son état physique général et l'importance de ses progrès. La fiche-type est à la fois l'instrument de contrôle des résultats et l'appareil enregistreur de la force. C'est le meilleur guide de l'entraîneur aussi bien que de l'élève. Ses principaux avantages sont les suivants :

1º Elle *matérialise* l'aptitude physique, ce qui a pour conséquence immédiate de rendre les résultats et les progrès palpables, condition essentielle pour que l'entraînement soit intéressant ;

2° *Elle précise nettement les qualités qui caractérisent l'être fort,* et donne une idée juste de ce qui constitue la force. Elle a en même temps une signification *pratique et utilitaire* ;

3° Elle fournit, pour chaque épreuve, des *niveaux d'aptitude,* qui donnent de précieuses indications aux élèves comme aux professeurs ou aux entraîneurs ;

4° Elle indique, suivant l'âge, *le degré minimum d'aptitude* à posséder pour ne pas être une *nullité physique ;*

5° Elle oblige *à ne rien négliger* dans la recherche des qualités qui constituent le perfectionnement physique ou la force ; par suite elle empêche toute spécialisation absolue. A ce propos, on est tout étonné de voir des champions spécialistes de toutes sortes mis en demeure de prouver leurs aptitudes par l'exécution des douze épreuves classiques, présenter un valeur physique générale très faible, quelquefois même inférieure à celle de sujets qui se contentent d'avoir des aptitudes *moyennes* en tout ;

6° Elle permet de *différencier les sujets entre eux* en donnant une idée de leur valeur, non pas par une simple appréciation « au sentiment », comme cela se pratique dans presque tous les concours ou examens de gymnastique, mais par l'exécution d'une série d'*épreuves mesurables* avec des performances cotées ;

7° Elle crée immédiatement l'*émulation* en indiquant bien nettement le *but matériel* à atteindre, en faisant connaître à chacun la mesure de sa valeur, enfin en prouvant aux faibles leur nullité, ce qui excite de suite leur amour-propre.

59. — Le procédé des mensurations.

Le procédé des mensurations consiste à déterminer la grosseur ou le périmètre des principales parties du corps : poitrine, ceinture, cou, bras, avant-bras, cuisses, mollets,... Il comporte de plus la mesure de la hauteur de taille, du poids du corps, de la capacité respiratoire, de la pression artérielle, etc.

Ce procédé est surtout utile *pour constater les variations* de grandeur, de volume ou de poids des diverses parties du corps au cours de l'entraînement. Mais il ne peut pas servir à déterminer la force d'un sujet, car il ne renseigne que sur la forme ou l'aspect extérieur du corps ou ne fournit d'indications que sur le fonctionnement de certains organes. Or, d'après ce qui a été dit précédemment (Voir n° 11, Chapitre I), l'apparence ne donne aucune idée précise du degré de force ou d'aptitude, pas plus d'ailleurs que les mesures faites au moyen d'instruments sur des organes au repos et non en action.

Autrement dit, il n'est pas possible de conclure que tel sujet est fort parce qu'il possède telles mensurations ou accuse tel chiffre au cadran de tel instrument. Il est cependant intéressant d'ajouter à la fiche-type de mesure de l'aptitude physique une fiche de mensurations, afin de posséder des indications complètes sur la nature des sujets et de pouvoir suivre les variations qu'ils subissent.

HÉBERT, Code.   7

C'est au médecin qui surveille l'entraînement à établir cette dernière fiche.

60. — Examen d'aptitude physique d'un sujet.

Pour faire subir l'examen d'aptitude physique à un sujet, c'est-à-dire pour déterminer sa valeur physique générale, procéder comme il suit :

1° Établir sa fiche-type ;

2° Lui faire subir un certain nombre d'épreuves complémentaires ;

3° Constater ses aptitudes dans *tous* les exercices ou mouvements utilitaires indiqués aux *conditions à remplir pour être considéré comme débrouillé,* c'est-à-dire lui faire exécuter :

Un *rétablissement* sur une barre ;

Une traversée d'un endroit où le *vertige* est à craindre ;

Un saut *en profondeur ;*

Des sauts d'*obstacles réels :* un fossé, une barrière fixe, un talus, une poutre ;

Un *chargement de sac ;*

Un lancer d'*adresse ;*

Des coups de *boxe* et de *lutte ;*

Un parcours *tout habillé à la nage* et un « flotter » sans mouvement.

L'examen physique permet non seulement de constater ou de déterminer la valeur physique générale d'un sujet quelconque, mais il permet également de découvrir de suite ses points faibles dans tel ou tel genre d'exercice. En effet, le sujet auquel on fait subir les épreuves exécute ou n'exécute pas les performances caractérisant la limite inférieure du développement élémentaire, ou bien il connaît ou ne connaît pas les différentes manières d'escalader, de nager ou de se défendre, pouvant lui être utiles à un moment donné. Il est alors facile, d'après ces constatations, de déterminer immédiatement l'orientation à donner à l'entraînement particulier de ce sujet pour lui permettre d'atteindre le niveau voulu.

61. — Examen d'aptitude physique générale d'un groupe de sujets et détermination de leur valeur physique moyenne.

Établir la fiche-type particulière de chacun des sujets. Classer les résultats en dressant des tableaux d'après les modèles ci-après (Tableaux I et II).

Faire ensuite subir à tous les sujets un certain nombre d'épreuves complémentaires.

Constater enfin leur valeur dans les différents exercices ou mouvements utilitaires indiqués aux « conditions à remplir pour être considéré comme débrouillé ». Noter le nombre de sujets *incapables :*

1° De faire une marche, une course, ou de subir toute autre épreuve complémentaire sans avoir au moins la cote zéro ;

2° D'exécuter un rétablissement sur une barre, de traverser un endroit où le vertige est à craindre, de sauter en profondeur, etc.

Tableau I. — **Relevé de**

.... • *Groupe d'Entraînement.*

Chef : ....

NOMS	AGE	POIDS	COURSES						SAUTS							
			1		2		3		4		5		6		7	
			100 MÈTRES		500 MÈTRES		1500 MÈTRES		EN HAUTEUR sans élan		EN HAUTEUR avec élan		EN LONGUEUR sans élan		EN LONGUEUR avec élan	
			Perf.	Points	Perf.	Points	Perf.	Points	Perf.	Points	Perf.	Points	Perf.	Points	Perf.	Points
Totaux..																
Moyennes..																

Date : _____

GRIMPER à la		LEVER		LANCER		TOTAL	NATATION		NATATION		TOTAL	TOTAL
8		9		10		DES POINTS	11		12		DES POINTS	général
Perf.	Points	Perf.	Points	Perf.	Points	des dix premières épreuves	Perf.	Points	Perf.	Points	de natation	des points
CORDE LISSE		DE POIDS		DU POIDS de 7 kg. 257			100 MÈTRES		PLONGÉE			

Tableau II. — Résultats généraux de l'entraînement.

DATES	NOMBRE TOTAL des sujets	APTITUDE INSUFFISANTE	APTITUDE INFÉRIEURE	APTITUDE MOYENNE	APTITUDE SUPÉRIEURE	APTITUDE ATHLÉTIQUE	NOMBRE TOTAL des points de tous les sujets	MOYENNE générale
1er Octobre	5o	28	19	3	o		13o	+ 2,6o
1er Février	5o	12	28	8	2	o	512	+ 1o,24
1er Juin	5o	6	27	12	4	1	725,5o	+ 14,51
3o Septembre	5o	1	12	23	9	5	1251,75	+ 25,o3

62. — Série-type réduite et séries spéciales.

En cas d'impossibilité d'exécuter les douze épreuves classiques de la série-type, on peut quand même avoir une idée *approchée* de la valeur physique générale d'un sujet, ou constater ses aptitudes particulières dans certains genres d'exercices. Il suffit d'avoir recours à une série-type réduite ou à des séries spéciales suivant le genre d'entraînement pratiqué habituellement. Le nombre de points obtenus dans l'ensemble des épreuves subies permet de se rendre compte facilement du degré d'aptitude générale ou particulière, suivant le cas.

1° *Série-type réduite ou série de cinq épreuves.*

Cette série permet d'avoir rapidement une valeur approchée de l'aptitude physique générale. Elle comprend la suite des 5 épreuves suivantes, qui doivent être subies en *une heure,* dans l'ordre indiqué ci-après :

1. Saut en hauteur avec élan ;
2. Saut en longueur avec élan ;

3. Grimper à la corde lisse ;

4. Lever de poids à deux mains, ou lancer du poids de $7^{kg},257$;

5. Course de 500 mètres.

La valeur approximative de l'aptitude correspond au nombre total de points suivants, obtenus dans les cinq épreuves :

Aptitude nulle : au-dessous de *zéro*,

Aptitude inférieure : de *zéro* à 10 points,

Aptitude moyenne : de 10 à 15 points,

Aptitude supérieure : de 15 à 25 points,

Aptitude athlétique : au-dessus de 25 points.

2° *Série d'intérieur.*

La série précédente, comprenant une course et des sauts en longueur avec élan, n'est évidemment exécutable qu'à l'extérieur, sur un terrain de dimensions suffisantes. Dans un espace restreint, comme une salle ou un gymnase, il est également possible d'avoir rapidement une première indication sur la valeur physique générale d'un sujet. Pour cela on lui fait subir, en un quart d'heure, les quatre épreuves suivantes :

1° Saut en hauteur sans élan ;

2° Saut en longueur sans élan ;

3° Tractions complètes en suspension à une barre (ou grimper à la corde) ;

4° Lever de poids à deux mains ou à une main.

3° *Série des gymnastes.*

Cette série d'épreuves convient plus particulièrement aux membres des sociétés de gymnastique :

1° Grimper à la corde lisse ;

2° Saut en hauteur sans élan ;
3° Saut en longueur sans élan ;
4° Lever de la gueuse ;
5° Course de 5oo mètres.

4° *Série sportive.*

Cette série d'épreuves convient plus particulièrement aux membres des sociétés de sports athlétiques :

1° Saut en hauteur avec élan ;
2° Saut en longueur avec élan ;
3° Course de 100 mètres ou de 110 mètres haies ;
4° Course de 4oo, 8oo ou 15oo mètres ;
5° Lancer du poids de $7^{kg},257$.

5° *Série des leveurs.*

Cette série convient plus particulièrement aux membres des sociétés de poids et haltères :

1° Arraché d'une main ;
2° Jeté à deux mains ;
3° Chargement d'un sac sur l'épaule ;
4° Saut en hauteur sans élan ;
5° Saut en longueur sans élan.

6° *Série d'exercices de lancer.*

1° Lancement du poids de $7^{kg},257$;
2° Lancement du disque ;
3° Lancement du javelot ;
4° Lancer d'adresse.
Etc., etc.

D'après les exemples qui précèdent, on voit que le nombre des séries et le choix des épreuves peuvent varier à l'infini.

63. — Mesure comparée de la force ou de l'aptitude de plusieurs sujets. — Épreuves finales de comparaison.

Pour comparer plusieurs sujets entre eux, procéder comme il suit : établir tout d'abord leur fiche-type, puis leur faire subir une ou plusieurs épreuves complémentaires, enfin constater leur valeur dans l'exécution des divers mouvements utilitaires indispensables indiqués aux « conditions à remplir pour être considéré comme débrouillé ».

Lorsque deux sujets possèdent le même degré d'aptitude générale, c'est-à-dire obtiennent un nombre de points à peu près égal dans les douze épreuves de la série-type et exécutent les épreuves complémentaires et les mouvements utilitaires avec la même facilité, les *exercices de défense* (boxe et lutte) servent à finir de les différencier. A égalité d'aptitude générale, le plus fort, au point de vue *absolu,* est le vainqueur dans les exercices de défense.

Dans les concours de boxe et de lutte, la règle est de n'opposer que des adversaires de poids à peu près égaux. Ce procédé a pour but d'égaliser les chances des concurrents, car, dans la défense telle qu'elle est pratiquée dans les assauts ou combats, c'est-à-dire conventionnellement pour être courtoise, le poids constitue un avantage important. Mais la question n'est plus la même lorsqu'il s'agit de force comparée des sujets entre eux, pour déterminer le plus fort au point de vue absolu. Il y a lieu, dans ce cas, d'opposer entre eux des sujets d'aptitudes égales, en formant un ou plusieurs groupes dans chacune des catégories suivantes, déterminées par le nombre de points de la fiche-type :

1re catégorie ; aptitude inférieure :   o à 18 points
2e   —   ;   —   moyenne :   18 à 36   —
3e   —   ;   —   supérieure : 36 à 60   —
4e   —   ;   —   athlétique : 60 points et au delà.

64. — Concours individuels.

Les concours entre différents sujets peuvent comprendre comme programme :

1° soit la série-type des douze épreuves classiques ;

2° soit une partie seulement des épreuves de cette dernière série ;

3° soit une ou plusieurs épreuves complémentaires ;

4° soit enfin une combinaison d'épreuves de la série-type et d'épreuves complémentaires, telles que celles indiquées au n° 62.

Les concurrents sont classés d'après le nombre total des points obtenus dans les épreuves figurant au programme.

Dans un concours quelconque, il y a toujours intérêt à faire figurer au programme des épreuves exigeant des aptitudes opposées, de façon à ne pas favoriser uniquement les spécialistes ou les sujets n'ayant des aptitudes particulières que pour un seul genre d'exercice. Par exemple, associer des épreuves de sauts avec du grimper ou du lever ; ou bien du lever avec des courses ou des sauts, etc.

Les concours exécutés dans ces conditions sont plus intéressants et également plus équitables que les concours où n'entre qu'une seule épreuve. Dans ces derniers, les sujets naturellement bien doués ou spécialisés de longue date triomphent, en général, sans grands efforts et quelquefois même sans préparation, tandis que, pour réussir dans plusieurs genres d'exercices opposés, il est nécessaire qu'ils aient travaillé et cultivé leurs aptitudes.

65. — Concours de l'athlète complet.

Ce concours a pour but de rechercher, dans un groupe de sujets déjà formés et développés, quels sont ceux qui possèdent une aptitude d'athlète. Il comporte tout d'abord un certain nombre d'épreuves *éliminatoires* destinées, dès le début, à écarter les sujets incapables d'exécuter les mouvements utilitaires les plus simples que tout athlète digne de ce nom doit pouvoir exécuter en tout temps avec facilité. Les épreuves éliminatoires comprennent :

1º Un *rétablissement* sur les poignets et sans l'aide des jambes, sur une barre ou traverse de forme grossière (aptitude au grimper et escalades de toutes sortes) ;

2º Une traversée debout d'un endroit élevé où le *vertige* est à craindre ;

3º Un saut d'obstacle réel : saut en hauteur avec élan d'une barrière de 0^m,95 de hauteur, ou saut en longueur d'un fossé à *bords à pic* de 3 mètres de large et d'un mètre de profondeur.

Le programme du concours comprend :

1º Les douze épreuves classiques de la série-type ;

2º Des épreuves complémentaires à volonté.

Le classement des concurrents est établi d'après le nombre total des points obtenus dans les épreuves du programme.

Tout concurrent n'obtenant pas au moins la cote zéro dans l'une quelconque des épreuves est immédiatement *éliminé*.

Pour rendre le concours plus difficile ou pour écarter de suite un certain nombre de sujets dans le cas où le nombre des concurrents est considérable, il peut être décidé que tout concurrent n'obtenant pas au moins la cote 1, 2 ou 3 dans chaque épreuve est immédiatement éliminé.

Les détails d'exécution peuvent être réglés de la façon indiquée ci-après. Il est accordé le nombre d'essais suivants pour chacune des épreuves :

Un seul essai pour le grimper à la corde, le lever de poids, les trois courses, le 100 mètres à la nage et la plongée.

Trois essais de chaque bras pour le lancer.

Trois essais sur chaque pied pour le saut en longueur avec élan.

Trois essais pour le saut en longueur sans élan.

Pour les sauts en hauteur sans élan et avec élan, chaque concurrent a droit à six essais pour chacun de ces sauts, trois de chaque côté pour le saut sans élan et trois sur chaque pied pour le saut avec élan. Dans le cas où aucune hauteur n'est franchie correctement au bout du troisième essai, un quatrième essai a lieu avec la corde ou barre indicatrice de la hauteur placée 5^{cm} plus bas qu'au troisième essai ; puis un cinquième essai avec la corde ou barre de nouveau 5^{cm} plus bas et ainsi de suite à raison d'un seul essai par diminution de 5ᶜᵐ, jusqu'à ce qu'il se produise un franchissement correct et sans jamais remonter la corde ou la barre à nouveau.

Un saut est annulé comme *résultat*, mais compte quand même comme essai, si la chute n'a pas lieu *uniquement sur les pieds*, ou si, en cas de perte d'équilibre, les pieds n'ont pas touché terre *avant* toute autre partie du corps.

66. — Concours de l'athlète complet sur piste spéciale.

Le principe de ce concours est le suivant : sur un parcours donné réunir tous les genres d'exercices naturels et utilitaires permettant d'évaluer la mesure de l'aptitude physique générale. En un mot concentrer en une seule épreuve tous les genres d'exercices. Classer les concurrents d'après le temps mis à effectuer le parcours ou simplement d'après leur ordre d'arrivée s'ils sont tous partis ensemble.

Nota. — Il n'a pas encore été possible, par suite d'essais insuffisants, de déterminer le parcours classique réalisant les meilleures conditions pour mettre en valeur toutes les qualités qui caractérisent l'athlète complet. Une fois ce parcours trouvé, une échelle de notation pourrait être établie, basée sur le temps mis à l'effectuer. La valeur de l'aptitude générale pourrait ainsi être déterminée au moyen d'une seule épreuve.

D'après les expériences faites jusqu'ici, le parcours

qui semblerait le plus convenable devrait avoir une longueur de 3 000 mètres et comprendre :

1° Des sauts d'obstacles *réels :* un fossé, une haie, une barrière, un talus, etc.;

2° Une escalade par-dessus une muraille ; une traversée d'un passage élevé où le vertige est à craindre ;

3° Un transport d'objet, tel qu'un sac par exemple, sur une distance donnée ;

4° Un lancer de poids ou de pierres sur un endroit déterminé ;

5° Enfin, pour terminer, une traversée à la nage avec plongeon d'une certaine hauteur et plongée par-dessous un radeau.

Il resterait évidemment à déterminer les emplacements de tous ces obstacles les uns par rapport aux autres.

67. — Concours par équipes.

Le nombre des concurrents doit être le même dans chaque équipe.

Le programme du concours comprend :

1° Une *série éliminatoire* composée de mouvements utilitaires faisant partie des « Conditions à remplir pour être considéré comme débrouillé » ;

2° La *série-type* des douze épreuves classiques ou une partie seulement des épreuves de cette série ;

3° Des épreuves complémentaires à volonté.

L'équipe gagnante est celle dont le nombre total des points obtenus par l'ensemble des concurrents est le plus fort.

Lorsque le concours a lieu entre sujets d'une certaine force, il peut être décidé que tout concurrent n'obtenant pas au moins la cote zéro ou toute autre cote dans chacune des épreuves du programme est immédiatement éliminé, sans pouvoir être remplacé, et son nombre de points annulé.

68. — Exemple d'un concours entre quatre équipes de cinq concurrents.

Les tableaux suivants indiquent les résultats individuels ainsi que le nombre total des points de chaque équipe. Le programme du concours comprend, par exemple, les douze épreuves classiques de la série-type.

Équipe A		Équipe B	
Noms	*Points*	*Noms*	*Points*
X.	38,50	C.	25,40
Y.	43,25	E.	37,25
Z.	23,18	G.	(0, élim.)
R.	39,45	M.	29,48
S.	60,30	D.	49,50
Total des points. . .	204,68	Total des points. . .	141,63

Équipe C		Équipe D	
Noms	*Points*	*Noms*	*Points*
F.	15,40	T.	39,90
I.	51,02	J.	43,52
Q.	35,38	K.	34,32
N.	43,12	L.	40,40
V.	55,20	H.	37,45
Total des points. . .	200,12	Total des points. . .	195,59

Le classement général des équipes est par suite le suivant :

1re Equipe A = 204,68
2e Equipe C = 200,12
3e Equipe D = 195,59
4e Equipe B = 141,63

APPENDICE I

NOTATION TERMINALE DES DOUZE ÉPREUVES CLASSIQUES DE MESURE DE L'APTITUDE PHYSIQUE

POINTS	COURSE DE 100 MÈTRES	COURSE DE 500 MÈTRES	COURSE DE 1500 MÈTRES	SAUT EN HAUTEUR sans élan	SAUT EN HAUTEUR avec élan	SAUT EN LONGUEUR sans élan
16	11 s. 2/5	1 m. 10 s. 5	4 m. 20 s.	1 m. 41	1 m. 61	3 m. 10
17	11 s. 3/10	1 m. 10 s.	4 m. 18 s.	1 m. 42	1 m. 62	3 m. 14
18	11 s. 1/5	1 m. 9 s. 5	4 m. 16 s.	1 m. 43	1 m. 63	3 m. 18
19	11 s. 1/10	1 m. 9 s.	4 m. 14 s.	1 m. 44	1 m. 64	3 m. 22
20	11 sec.	1 m. 8 s. 5	4 m. 12 s.	1 m. 45	1 m. 65	3 m. 26
21	10 s. 19/20	1 m. 8 s.	4 m. 10 s.	1 m. 46	1 m. 66	3 m. 28
22	10 s. 9/10	1 m. 7 s. 5	4 m. 8 s.	1 m. 47	1 m. 67	3 m. 30
23	10 s. 17/20	1 m. 7 s.	4 m. 6 s.	1 m. 48	1 m. 68	3 m. 32
24	10 s. 4/5	1 m. 6 s. 5	4 m. 4 s.	1 m. 49	1 m. 69	3 m. 34
25	10 s. 15/20	1 m. 6 s.	4 m. 2 s.	1 m. 50	1 m. 70	3 m. 36

POINTS	SAUT EN LONGUEUR avec élan	GRIMPER DE 10 MÈTRES à la corde	LEVER DE POIDS à deux mains	LANCER DU POIDS de 7 kg. 257	NATATION PARCOURS de 100 mètres	NATATION PLONGÉE
16	6 m. 45	12 s. 3/5	114 kg.	11 m. 20	1 m. 20 s.	2 m. 04 s.
17	6 m. 50	12 s. 1/5	116 kg.	11 m. 40	1 m. 18 s.	2 m. 08 s.
18	6 m. 55	11 s. 4/5	120 kg.	11 m. 60	1 m. 16 s.	2 m. 12 s.
19	6 m. 60	11 s. 2/5	124 kg.	11 m. 80	1 m. 14 s.	2 m. 16 s.
20	6 m. 65	11 sec.	128 kg.	12 m.	1 m. 12 s.	2 m. 20 s.
21	6 m. 70	10 s. 4/5	132 kg.	12 m. 10	1 m. 10 s.	2 m. 22 s.
22	6 m. 74	10 s. 3/5	134 kg.	12 m. 20	1 m. 9 s.	2 m. 24 s.
23	6 m. 78	10 s. 2/5	136 kg.	12 m. 30	1 m. 8 s.	2 m. 26 s.
24	6 m. 82	10 s. 1/5	138 kg.	12 m. 40	1 m. 7 s.	2 m. 28 s.
25	6 m. 86	10 sec.	140 kg.	12 m. 50	1 m. 6 s.	2 m. 30 s.

APPENDICE II

RECORDS ET PERFORMANCES REMARQUABLES

I. MARCHE

100 ^{km}.. . . .	12 h. 59 min. 10 sec.	Record français.
150 —	21 h. 31 min. 02 sec.	—
200 —	32 h. 09 min. 36 sec.	—

En 6 heures.	64^{km},147	Record du monde
— 12 —	115^{km},890	—
— 18 —	159^{km},932	—
— 20 — . . . . . :	175^{km},642	—
— 24 —	211^{km},350	—
— 36 —	284^{km},846	—
— 72 —	495^{km},825	—
— 96 —	637^{km},604	—
— 120 —	756^{km},391	—
— 139 —	854^{km},752	—

II. COURSE

20 ^{km}	1 h. 09 m. 31 s.	Record français.
30 —	1 h. 47 m. 43 s. 3/5	—
40 —	2 h. 36 m. 29 s.	—
50 —	3 h. 36 m. 45 s.	—
100 —	9 h. 16 m. 59 s. 2/5	—
150 —	21 h. 31 m. 02 s.	—
200 —	30 h. 36 m. 54 s. 1/5	—

		Record du monde.
1 609 m. 34 (mille anglais) . . .		4 m. 12 s. 3/4
10 milles : 16^{km},093 . . .		50 m. 22 s. 1/2
20 — : 32^{km},186 . . .		1 h. 49 m. 29 s.
25 — : 40^{km},233 . . .		2 h. 23 m. 13 s.
50 — : 80^{km},467 . . .		5 h. 55 m. 04 s. 1/2
100 — : 160^{km},934 . . .		13 h. 26 m. 03 s.
500 — : 804^{km},670 . . .		109 h. 18 m. 10 s.
623 milles 3/4 : 1003^{km},826 . . .		141 h. 57 m. 30 s.

En	6 heures.	80^{km},466	Record du monde.
—	12 —	144^{km},635	—
—	18 —	202^{km},571	—
—	24 —	225^{km},309	—
—	36 —	329^{km},103	—
—	48 —	415^{km},404	—
—	72 —	568^{km},278	—
—	96 —	724^{km},392	—
—	120 — . . . : . .	875^{km},467	—

Rouen-Paris.	155 kilomètres.	.	14 h. 06 m.
Reims-Paris.	186 —	. .	17 h. 42 m.
Paris-Roubaix. . . .	284 —	. .	40 h. 03 m.
Paris-Bruxelles. . . .	328 —	. .	48 h. 14 m
Paris-Le Havre-Paris. .	444 —	. .	74 h.
Paris-Belfort.	500 —	. .	100 h.
Bordeaux-Paris. . . .	600 —	. .	114 h. 42 m.
Toulouse-Paris	737 —	. .	142 h.

Course de « Marathon »
40 kilom. sur route.
$\begin{cases} 2 \text{ h. } 31 \text{ m. } 32 \text{ s. } (1896) \\ 2 \text{ h. } 30 \text{ m. } 10 \text{ s. } (1898) \\ 2 \text{ h. } 26 \text{ m. } 47 \text{ s. } (1900) \end{cases}$

III. NATATION

En	1 heure.	3 kilom. 920
—	6 —	16 — 300
—	12 —	23 — 775
—	24 —	44 — 600

	Records du monde.
Mille anglais = 1 609 m. 34	23 m. 16 s. 4/5
Mille marin = 1 852 m.	30 m. 22 s.
4 000 mètres en mer.	1 h. 07 m. 52 s.
Plongée en profondeur.	25 m. 160
Parcours entre deux eaux.	103 m. 34
Plus long séjour dans l'eau sans prendre pied (essai de traversée de la Manche).	22 h. 45 m.

TABLE DES MATIÈRES

CHAPITRE V

CHAPITRE VI

CHAPITRE VII

La Famille Kerdalec au Soudan (Essai de vulgarisation coloniale), par F. DECOURT. — Vol. 25/16ᶜᵐ, illustré

de 40 dessins d'EMMANUEL BARCET, 6 cartes et 74 photographies
hors texte, broché, couverture aquarelle. . . . . . 6 fr. »
Relié toile (fers spéciaux tirés en 7 couleurs). . . . 9 fr. »

C'est un livre très documenté, tout plein de faits, de renseignements historiques, géographiques, économiques et sociaux. Et ces renseignements sont fournis à la faveur d'un recit toujours intéressant et mouvementé, qui les encadre à merveille et permet au lecteur de se les assimiler facilement.

Au Japon : Choses vues, par CLIVE HOLLAND. — Traduit

de l'anglais par J. R. LUGNÉ-PHILIPON. — Vol. 25/18ᶜᵐ illustré de
48 planches photographiques, avec bandeaux et culs-de-lampe
spécialement gravés pour l'ouvrage, broché. , ... 4 fr. »
Relié dos et coins percaline, tête dorée. . . . . . 6 fr. »

En Chine : Choses vues, par J.-R. CHITTY. — Traduit de l'an-

glais par J. R. LUGNÉ PHILIPON. — Vol. 25/18ᶜᵐ illustré de 48
planches photographiques, avec bandeaux et culs-de-lampe spécialement gravés pour l'ouvrage, broché. . . . . . 4 fr. »
Relié dos et coins percaline, tête dorée. . . . . . 6 fr. »

En Égypte : Choses vues, par E.-L. BUTCHER. — Traduit de

l'anglais par J. R. LUGNÉ-PHILIPON. — Vol. 25/18ᶜᵐ illustré de 47
planches photographiques, avec bandeaux et culs-de-lampe spécialement gravés pour l'ouvrage, broché. . . . . . 4 fr. »
Relié dos et coins percaline, tête dorée. . . . . . 6 fr. »

En Amérique latine, par HENRI TUROT. — Vol. 28/19ᶜᵐ, orné

de 144 photographies ou gravures, broché. . . . . 8 fr. »
Relié dos et coins percaline, tête dorée. . . . . . 10 fr. »

Guide du Voyageur dans les Pays de Langue allemande, par MOUSSARD et SCHUEHMACHER. — Vol. 18/12ᶜᵐ

de 224 pages, avec 2 cartes hors texte, broché. . . . 2 fr. 50
Relié toile. . . . . 3 fr. »

Exposé simple et clair de la

QUESTION D'ORIENT

Par P. HAURY, *professeur agrégé de l'Université.*

Brochure 22/14ᶜᵐ, avec 1 graphique et 2 cartes. . . . . 1 fr. »

La Vie et la Santé, par E. CAUSTIER, professeur au lycée
Saint-Louis. — Vol. 19/13ᵉᵐ, illustré. . . . . **3 fr. 50**

Ce volume contient toutes les notions biologiques sur lesquelles s'appuie
l'hygiène moderne, ainsi que les données scientifiques indispensables à
l'homme pour assurer son alimentation, augmenter son bien-être et tirer le
meilleur parti des productions naturelles.

Danses Gymnastiques, *composées pour les établissements d'en-*
seignement primaire et secondaire de jeunes filles, par G. DEMENŸ
et A. SANDOZ. — Vol. 18/12ᵉᵐ, avec descriptions, figures et musique,
broché, 2 fr. ; cartonné.. . . . . **2 fr. 50**

Nos Fils et nos Filles en Voyage, par A.-L. LEROY, pro-
fesseur honoraire au lycée Janson-de-Sailly, avec une préface de
M. E. BOUTY, membre de l'Institut. — Vol. 23/15ᵉᵐ, illustré de 116
photographies, 2ᵉ édition, broché, 4 fr. ; relié toile. . . **6 fr. »**

Ce livre a pour objet de présenter au public les caravanes scolaires du
Club alpin français.

Lecture et Emploi de la Carte d'État-Major, par
P. GRÉSILLON, capitaine d'artillerie. — Volume 18/12ᵉᵐ, avec
figures, 3 planches hors texte et un tableau des signes et abréviations
pour la lecture de la carte de France au 80.000ᵉ 2ᵉ édit. **1 fr. 50**

Cet ouvrage a pour but d'enseigner à tous l'emploi de la carte d'État-
Major au 80 000ᵉ. Indispensable aux militaires, cette carte est en effet
l'auxiliaire naturel des touristes, cyclistes et automobilistes.

La Locomotive moderne par J. TRIBOT-LASPIÈRE, ingé-
nieur civil des Mines. — Vol. 20/13ᵉᵐ, de 193 pages, illustré de
nombreuses gravures et de 17 planches hors texte, 2ᵉ édition,
broché, 3 fr. 50; cartonné toile, titre or. . . . . . **4 fr. 50**

LES CERFS-VOLANTS

Par J. LECORNU, ingénieur, membre de la Société française de navi-
gation aérienne. — Vol. 22/14ᵉᵐ, illustré. . . . . . **3 fr. 50**
Relié genre amateur. . . . . **5 fr. »**

L'auteur ne s'est pas attaché qu'au côté scientifique de la question. Il a
voulu réhabiliter le cerf-volant comme instrument de sport pour de grands
jeunes gens, et il y a certainement réussi dans ce livre si vivant et si documenté.

L'Éducation Mathématique (*17ᵉ année*).

Journal 28/22ᶜᵐ, paraissant le 1ᵉʳ et le 15 de chaque mois, du 1ᵉʳ octobre au 15 juillet, et publié par A. DURAND, ancien élève de l'École normale, professeur agrégé au lycée Saint-Louis, et H. VUIBERT. — Abonnement annuel partant d'octobre : France et Colonies, 5 fr. ; Étranger. . . . . 6 fr. »

Ce journal s'adresse aux élèves des classes de lettres et aux débutants qui ne peuvent pas encore suivre le *Journal de Mathématiques élémentaires*. Des *questions proposées* sont livrées aux recherches des abonnés. Leurs solutions insérées dans le journal sont revues avec le plus grand soin.

Le journal publie aussi des notes scientifiques et des variétés sur l'histoire et les à-côté des mathématiques.

Journal de Mathématiques élémentaires
par H. VUIBERT (*38ᵉ année*).

Journal 28/22ᶜᵐ, avec figures et épures dans le texte, paraissant le 1ᵉʳ et le 15 de chaque mois, du 1ᵉʳ octobre au 15 juillet. — Abonnement annuel, partant d'octobre : France et Colonies, 5 fr. ; Étranger. . . . . 6 fr. »

Ce journal s'adresse aux candidats aux écoles et aux baccalauréats d'ordre scientifique et aux élèves qui doivent plus tard étudier les sciences. Le journal propose des problèmes (notamment tous ceux qui ont été posés dans les examens et concours) : il publie les meilleures solutions reçues, avec les noms de leurs auteurs ; les autres bonnes copies sont signalées à la suite.

PROGRAMMES

École supérieure d'Aéronautique.	0 fr. 30
École Navale.	0 fr. 30
École de Navigation maritime.	0 fr. 30
École Polytechnique.	0 fr. 50
École de Saint-Cyr.	0 fr. 30
École du Service de Santé de la Marine.	0 fr. 50
École du Service de Santé militaire.	0 fr. 30
Élève-officier de réserve.	0 fr. 50
Enseigne de vaisseau.	0 fr. 50
Certificat d'aptitude à l'enseignement de la gymnastique. .	0 fr. 30
Mécanicien et Officier mécanicien de la marine marchande. .	0 fr. 75
École Centrale.	0 fr. 50
École des Mines.	0 fr. 50
École des Mines de Saint-Étienne.	0 fr. 30
École des Ponts et Chaussées.	0 fr. 30
École spéciale des Travaux publics.	0 fr. 30
École pratique d'Électricité industrielle.	0 fr. 30
École spéciale d'Architecture.	0 fr. 30

COMMENT DEVIENT-ON CONSUL ? (*Règlement de la carrière consulaire*), par Louis GAUSSEN, vice-consul de France. — Broch. 18/12ᶜᵐ. 1 fr. »

H. VUIBERT   (*24e année*)

ANNUAIRE DE LA JEUNESSE
Éducation et Instruction. — Écoles spéciales.

Un beau vol. 18/12^cm de 1 200 pages, broché. . . . . . 3 fr. 50
relié toile rouge. . . . . 4 fr. 50

L'*Annuaire de la Jeunesse* est appelé à être entre les mains de tous les jeunes gens désireux de s'instruire et de tous les pères de famille. Compagnon indispensable des études et *Guide pour le choix d'une carrière*, c'est le livre du foyer par excellence.

La première partie : *INSTRUCTION*, est un guide comme il n'en avait jamais été publié. Il pourra servir aux pères de famille à diriger ou à surveiller les études de leurs enfants. En même temps il sera consulté par les personnes qui ont besoin d'avoir sous les yeux un tableau rapide, mais complet, de notre outillage scolaire.

La seconde partie : *ÉCOLES SPÉCIALES*, se distingue tout à fait, par son caractère et le champ qu'elle embrasse, des ouvrages qui ont été publiés jusqu'à présent sur les grandes écoles du Gouvernement. Les petites écoles y sont passées en revue aussi bien que les grandes et le point de vue historique est laissé de côté ; au contraire, on insiste sur les moyens de préparation à chaque école et sur la nature des débouchés qui s'offrent à la sortie.

NOUVELLE LOI MILITAIRE. Loi du 7 août 1913 modifiant la loi du 21 mars 1905. — Brochure 18/12^cm. . . . . 0 fr. 50

APTITUDE PHYSIQUE AU SERVICE MILITAIRE et APTITUDE PARTICULIÈRE AUX DIFFÉRENTES ARMES (Instruction ministérielle sur l'). — Brochure 18/12^cm de 72 pages. . . . . . . 0 fr. 50

ENGAGEMENTS VOLONTAIRES *dans les troupes métropolitaines.* — Broch. 18/12^cm, avec modèles divers.. . . . . 0 fr. 30

BREVET SPÉCIAL D'APTITUDE MILITAIRE. — Broch. 18/12^cm. 0 fr. 30

ÉCOLES MILITAIRES D'ASPIRANTS (*Programme des conditions d'admission*) : Saint-Maixent, Saumur, Fontainebleau, Versailles.
1 fr. »

ÉCOLE D'ADMINISTRATION MILITAIRE DE VINCENNES (*Programme des conditions d'admission*). . . . . 1 fr. »

Paul VUIBERT

LES "BOY SCOUTS"
Broch. 25/16^cm, avec 7 magnifiques photographies hors texte. 0 fr. 75

CHARTRES. — IMPRIMERIE DURAND, RUE FULBERT

Lightning Source UK Ltd.
Milton Keynes UK
UKHW021039271220
375924UK00003B/160